내가 어찌 너를 버리겠느냐

내가 어찌
너를
버리겠느냐

이찬수

규장

탈출구 없는 미궁 속에서
<u>하나님의 사랑</u>을 붙잡아라

최근의 미국 대통령 선거에서 많은 사람들의 예상을 깨고 도널드 트 럼프 후보가 당선되었다. 대부분의 언론들이 상대 후보인 힐러리 클린턴의 당선을 점쳤고, 또한 그녀가 당선되어야 한다고 믿는 사 람들이 많았기에 그 충격이 더 컸다.

선거 결과가 발표된 직후에 나온 어느 글의 제목이 예상을 깬 선 거 결과에 대한 사람들의 반응이라는 생각을 했다.

"도널드 트럼프 미국 대통령 당선, 더더욱 불확실한 미궁 속에 빠 져드는 미래."

이 글에서 '미궁 속에 빠져드는 미래'란 말에 눈길이 갔다. 그래서 '미궁'이란 단어를 사전에서 찾아보았다. 두산백과사전은 그 뜻을 이렇게 요약했다.

"밖으로 나가는 문을 찾을 수 없도록 길이 만들어진 건물로,

그리스의 전설에 나오는 '라비린토스'가 그 기원인데, 동물이
나 인간의 학습능력을 실험하는 데 사용되고 있다."

그리스 신화에 보면 크레타 왕 미노스의 아내가 우두인신牛頭人身
의 괴물을 낳았다고 한다. 그 괴물을 가두기 위해 한번 들어가면 나
오는 문이 어디에 있는지 알 수 없는 꼬불꼬불한 미로를 만들게 한
것이 '라비린토스'인데, 그것이 미궁의 유래이다.

나는 미궁의 뜻을 요약해놓은 이 글을 읽으면서 잠시 생각에 잠
겼다.

'그렇다면 지금 우리 시대는 전 세계적으로 밖으로 나가는 문을
찾을 수 없는 미로에 빠졌단 말인가?'

신화에 불과한 이야기지만, 지금의 상황은 '누군가가 의도적인 목
적을 가지고' 우리와 우리의 미래를 미궁 속에 빠뜨리려 한다는 생

각이 들게 한다. 베드로전서 5장에 보면 이렇게 경고하고 있다.

> 근신하라 깨어라 너희 대적 마귀가 우는 사자같이 두루 다니며 삼킬 자
> 를 찾나니 너희는 믿음을 굳건하게 하여 그를 대적하라 이는 세상에 있
> 는 너희 형제들도 동일한 고난을 당하는 줄을 앎이라 벧전 5:8,9

내가 호세아서를 읽으며 묵상하던 지난여름은 한국 교회의 현실
이 염려되어 가슴앓이를 하던 때였다. 이 책을 마무리할 때쯤에는
소위 말하는 '최순실 게이트'가 터져서 온 나라가 미로에 갇힌 느낌
이었다. 이 책의 출간을 앞두고 마지막으로 점검하던 즈음에는 예
상을 깬 미국 대통령 선거 결과로 주가가 폭락하고 환율이 급등하
는 등, 그야말로 전 세계가 '더더욱 불확실한 미궁' 속으로 빠져들
었다. 탈출구를 잃어버린 미궁의 상태가 국경을 넘어 계속 확산되고
있는 상황이다.

호세아서의 전반부를 주로 다루고 있는 이 책의 큰 주제는 '회개'
이다. 겉으로 보기에는 끝 간 데 없이 타락한 이스라엘 백성과 그

들을 향해 하나님께서 분노를 쏟아놓으시는 두렵고 무서운 상황이 전개된다. 그러나 그 기저에는 범죄한 결과로 '미궁'에 갇혀버린 초라한 인생들을 향한 하나님의 본심이 흐르고 있다.

> 에브라임이여 내가 어찌 너를 놓겠느냐 이스라엘이여 내가 어찌 너를 버리겠느냐 내가 어찌 너를 아드마같이 놓겠느냐 어찌 너를 스보임같이 두겠느냐 내 마음이 내 속에서 돌이키어 나의 긍휼이 온전히 불붙듯 하도다
>
> 호 11:8

하나님의 이 마음을 놓쳐서는 안 된다. 이것을 깨닫는 자만이 할 수 있는 것이 '회개'이기 때문이다.

우리의 범죄와 타락으로 제2의 호세아서 당시 상황을 만들어버린, 그래서 스스로 '더더욱 불확실한 미궁 속에 빠져드는 미래'에 갇혀버린 오늘의 현실이기에 호세아서를 더욱 읽고 묵상해야 한다.

그리고 현실이 아무리 엉망진창일지라도 "내가 어찌 너를 버리겠느냐"라고 하시며 결코 우리를 포기하지 않으시는 하나님의 마음을 읽어내야 한다. 그래야 회개의 자리로 나아갈 수 있으며, 회개하

는 자에게 주시는 하나님의 회복과 치유를 경험할 수 있다.

한국 교회뿐 아니라 온 나라가 병들어 신음하고, 전 세계의 미래가 미궁 속에 빠져버린 현실에서 우리가 바라볼 것은 오직 "내가 어찌 너를 버리겠느냐" 하시는 하나님의 사랑과 신실함이다.

'최순실 게이트'로 온 나라가 혼미한 상황으로 몰려가던 어느 날, 하나님은 내게 스가랴서 4장 6,7절 말씀을 묵상하게 하셨다.

> 그가 내게 대답하여 이르되 여호와께서 스룹바벨에게 하신 말씀이 이러하니라 만군의 여호와께서 말씀하시되 이는 힘으로 되지 아니하며 능력으로 되지 아니하고 오직 나의 영으로 되느니라 슥 4:6

나는 이 말씀을 묵상하면서 오늘의 잘못된 현실의 첫출발과 우리가 저지르는 잘못의 모든 근원적인 출발이 하나님보다 내가 가진 그 무엇을 더 의지하는 태도라는 것을 깨달았다.

그렇기 때문에 진정한 회개란 이 사실을 간과했던 어리석음을 자각하고 우리의 힘과 능력의 원천이 되시는 하나님의 이름 앞으로 나아오는 것이다.

나는 확신한다. 언젠가 스가랴서 4장 7절의 말씀이 구현되는 그
날이 도래할 것을.

큰 산아 네가 무엇이냐 네가 스룹바벨 앞에서 평지가 되리라 그가 머릿

돌을 내놓을 때에 무리가 외치기를 은총, 은총이 그에게 있을지어다 하

리라 슥 4:7

하루 속히 그날이 다가오기를 소원하는 마음으로 이 책을 내놓
는다.

이찬수

프롤로그

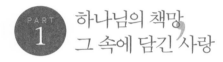

PART 1

하나님의 책망,
그 속에 담긴 사랑

하나님께 돌아가는 길,
순종과 회개

하나님의 개입하심,
고통이 소망이 된다

하나님

하나님의 책망
그 속에 담긴 사랑

호 1:1,2 웃시야와 요담과 아하스와 히스기야가 이어 유다 왕이 된 시대 곧 요아스의 아들 여로보암이 이스라엘 왕이 된 시대에 브에리의 아들 호세아에게 임한 여호와의 말씀이라 여호와께서 처음 호세아에게 말씀하실 때 여호와께서 호세아에게 이르시되 너는 가서 음란한 여자를 맞이하여 음란한 자식들을 낳으라 이 나라가 여호와를 떠나 크게 음란함이니라 하시니

CHAPTER 01

온 나라가
크게 음란하다

실직당한 어느 가장의 이야기를 읽은 적이 있다. 실직당한 그는 미래에 대한 두려움과 걱정으로 어깨를 축 늘어뜨린 채 무거운 발걸음을 끌고 집으로 향했다. 현관에 들어서자 게임에 열중하고 있는 아들이 보였다. 평상시 같으면 "너는 왜 공부는 안 하고 게임만 하느냐"고 잔소리를 했겠지만, 그날은 잔소리를 할 의욕도 없었다. 그저 게임하고 있는 아들을 우두커니 바라보았다.

그렇게 보고 있자니 조금 이상했다. 게임에서 져서 'fail'실패이란 단어가 화면에 떠오르는데 아들은 오히려 더 신나 하는 것이 아닌가? 그래서 아버지가 물었다.

"너 fail이 무슨 뜻인지 모르니?"

"실패라는 뜻 아니에요?"

아들이 대답했다.

"그런데 왜 그렇게 기뻐하니? 실패라는 말이 무슨 뜻인지 몰라?"

그러자 아들이 하는 말이 이렇다.

"에이, 아빠도! 게임에서 실패란 '다시 한 번 더 해보라'는 뜻이잖아요! 새로 한 번 더 할 수 있으니까 얼마나 좋아요!"

아들의 대답을 듣고 아버지는 깜짝 놀랐다. 그리고 새로운 용기를 갖게 되었다. 《믿음의 눈을 뜨라》라는 책에서 읽은 내용인데, 이 부분을 책 내용 그대로 인용해보자.

> 좋아하는 아들 녀석을 보면서 아빠는 그만 눈물이 울컥 쏟아졌다.
>
> '그래, 네가 나보다 낫구나. 실패란 네 말처럼 끝이라는 소리가 아니로구나. 다시 한 번 해보라는 뜻이구나. 새롭게 시작하라는 뜻이니 오히려 신나는 일이 맞구나.'
>
> 아빠는 다시 일어났다. 다른 눈으로 문제를 바라보게 되었기 때문이다.

실직을 당한 가장이 다시 일어설 수 있었던 것은 다른 눈으로 문제를 바라보게 되었기 때문이다.

다른 눈으로 바라보기

이 글을 읽었을 무렵, 개인적으로 마음이 많이 무너져 있던 때였다. 어느 선교단체의 목사가 어린 여고생에게 성적인 죄를 지었다는 기사가 크게 터졌기 때문이다. 그 일이 무려 4년이나 계속되었다는 기사로, 교계는 물론이고 믿지 않는 사람들의 교회를 향한 비난이 넘쳐났다. 그 기사를 읽고 얼마나 절망이 되는지 이런 탄식이 절로 나왔다.

'이런 식으로 목사들의 타락 소식이 끊임없이 전해진다면 한국 교회는 끝이다. 절망이다.'

이런 두려운 마음이 가득했을 때 읽었던 글이기에 유난히 내 마음에 와 닿았다.

사실, 생각해보면 그 아버지의 생각은 틀렸거나 잘못된 것이 아니다. 실직당하고 낙심하여 '이제 내 장래는 어떻게 되는 건가? 가정은 어찌 해야 하나?' 걱정하는 것은 지극히 자연스럽고 당연하다. 그러나 아들의 말처럼 'fail'은 '실패'가 아니라 '다시 한 번 더 해보라'는 뜻이란 시각도 옳다. 나는 이것을 혼란을 겪고 있는 한국 사회와 한국 교회에 적용하고 싶다.

인간적으로 보면 비참한 소식이 계속 들려오는 한국 사회, 한국 교회는 이제 희망이 없는 절망적인 상태이다. 초라하기 짝이 없다. 이런 절망적인 시각이 틀렸다고 말할 수는 없다. 그러나 실직당한 가장처럼 다른 눈으로 문제를 바라보기 시작할 때, 새로운 길이 보인다. 여전히 하나님이 살아 계시고 그 하나님의 사랑이 여전히 우리와 함께하기에 인간의 절망이 곧 하나님의 희망이 될 수 있다.

> 에브라임이여 내가 어찌 너를 놓겠느냐 이스라엘이여 내가 어찌 너를
> 버리겠느냐 내가 어찌 너를 아드마같이 놓겠느냐 어찌 너를 스보임같
> 이 두겠느냐 내 마음이 내 속에서 돌이키어 나의 긍휼이 온전히 불붙듯
> 하도다 호 11:8

이 당시 이스라엘은 하나님께 순종하고 영적으로 부흥하던 때가 아니었다. 오히려 이스라엘 백성의 타락과 변질이 말로 다할 수 없을 정도였다. 도저히 예쁘고 사랑스럽게 보려야 볼 수 없는 상황이었다. 그런 이스라엘 백성을 향해 진노하시는 하나님의 말씀이 담긴 것이 바로 호세아서다.

그런데 그런 상황에서도 하나님께서는 "내가 어찌 너를 놓겠느냐, 내가 어찌 너를 버리겠느냐"라고 말씀하신다.

이 말씀이 꼭 초라하기 짝이 없는 형편에 빠진 한국 교회와 나 자신에게 주시는 말씀 같았다. 사실 교회와 목회자의 타락이나 범죄와 관련한 기사를 접할 때마다 이 땅에서 목사로 살아가는 것 자체가 수치스러울 만큼 힘들다. 우리 아이들에게는 아빠가 목사라는 사실조차 미안하다. 선교단체 목사의 성범죄 기사가 대서특필되었던 지난여름에는 너무나 마음이 힘들어서 '목사 그만두고 다시 이

민이라도 가야 하나' 싶은 충동적인 생각까지 들었다.

그러나 이렇게 마음이 힘들고 아플 때에 나를 지탱하게 하고 용기를 주는 것은, 그럼에도 불구하고 이 땅 곳곳에서 여전히 신실하게 눈물로 사역하시는 수많은 선배, 동료, 후배 목회자들이 있기 때문이다. 지금도 시골의 작은 교회, 지방의 외딴 곳에서 얼마나 많은 목사님과 사모님들이 한국 교회를 위해 눈물로 기도하고 있는지 모른다. 이름 없는 그곳에서 신실하게 교회를 섬기는 이런 분들 때문에 한국 교회가 아직도 유지된다고 믿는다.

이토록 힘들고 열악한 환경 속에서도 여전히 말씀대로 목회하려고 애쓰시는 분들의 공통점이 있다면 힘든 중에도 "내가 어찌 너를 버리겠느냐"라고 하시는 하나님의 사랑을 날마다 경험한다는 것이다. 그 사랑 때문에 그 분들은 오늘도 주님의 길에 온전히 서 있을 수 있다고 고백하신다.

우리 역시 호세아서를 통해 어떤 경우에라도 결코 포기하지 않으시는 하나님의 그 사랑을 경험하고 맛보게 되기를 바라고 또 소망한다. 그 사랑이 어떤 절망의 자리에서라도 우리를 일으켜주리라 믿는다.

현실을 직시하는 아픔이 필요하다

그런데 여기서 중요한 것이 하나 있다. 우리가 포기하지 않으시는 하나님의 그 사랑을 경험하려면, 오늘 우리가 처한 현실이 어떠

한가를 외면한 채 어물쩍 넘어가서는 안 된다는 것이다. 아프고 부끄럽지만 현실을 정확히 직시하는 것이 필요하다.

호세아서 말씀은 그 당시 이스라엘 백성을 향한 하나님의 가슴 아픈 진단으로 시작된다.

> 이스라엘 자손들아 여호와의 말씀을 들으라 여호와께서 이 땅 주민과 논쟁하시나니 이 땅에는 진실도 없고 인애도 없고 하나님을 아는 지식도 없고 오직 저주와 속임과 살인과 도둑질과 간음뿐이요 포악하여 피가 피를 뒤이음이라 호 4:1,2

하나님이 보시기에 그때의 이스라엘 상황은 한 마디로 중병에 걸린 상태였다. 성한 곳이 한 군데도 없이 곧 죽게 된 지경이다. 하나님은 이스라엘 백성이 이렇게 망가지게 된 원인을 '음란함'이라고 진단하셨다.

> 여호와께서 처음 호세아에게 말씀하실 때 여호와께서 호세아에게 이르시되 너는 가서 음란한 여자를 맞이하여 음란한 자식들을 낳으라 이 나라가 여호와를 떠나 크게 음란함이니라 하시니 호 1:2

"이 나라가 여호와를 떠나 크게 음란하다."
이것이 하나님의 진단이다.

●

한국 사회나 한국 교회는 이제 희
망이 없는 절망적인 상태이다. 초라
하기 짝이 없다. 이런 절망적인 시각
이 틀렸다고 말할 수는 없다. 그러
나 다른 눈으로 문제를 바라보기
시작할 때, 새로운 길이 보인다. 여
전히 하나님이 살아 계시고, 그 하
나님의 사랑이 여전히 우리와 함께
하기에 인간의 절망이 곧 하나님의
희망이 될 수 있다.

하나님을 떠나 크게 음란하다

그렇다면 '음란하다'라는 표현의 정확한 의미를 아는 것이 중요하다. 여기 나오는 '음란'이란 단어는 원어로 '자나'인데, 이는 말 그대로 '간음하다, 음란한 행동을 하다'라는 뜻을 가진 단어이다. 여기서 중요한 포인트는 이 단어가 기본적으로 '약속을 지키지 않는 불성실함'을 나타내는 단어라는 것이다.

그렇기 때문에 '자나'라는 단어가 인간과 하나님의 관계적인 측면에 사용되면, 하나님과의 언약을 깨뜨리고 하나님 외에 다른 신을 섬기는 배도 행위를 설명할 때 사용된다.

또한 이 단어가 인간들 사이의 관계적인 측면에 사용되면, 배우자 외에 다른 이성과 육체적인 관계를 맺는 외도 행위를 뜻한다. 분명히 결혼할 때는 이 남자만을, 혹은 이 여자만을 평생 사랑하겠노라 약속해놓고는 배우자 외에 다른 대상을 사랑하고 그와 육체적인 관계를 맺는 것은 그 자체가 약속을 지키지 않는 불성실에 바탕을 두고 있기 때문에 이 단어가 쓰이는 것이다.

그런가 하면 '음란'과 관련하여 한 가지 더 살펴보아야 할 것이 있다. 구약성경을 헬라어로 번역한 70인역에 보면 이 단어를 '포르네이아'라고 번역했다. 이는 우리에게도 익숙한 단어인데, 여기에서 영어 단어 '포르노'가 파생되었다. 이는 기본적으로 쾌락을 추구하기 위해 수단과 방법을 가리지 않는 태도를 말한다.

따라서 2절에서 하나님이 '이 나라가 크게 음란한 상태'라고 말씀하시는데, 이때의 '음란'은 크게 두 갈래로 설명할 수 있다. 하나는 영적인 음란함이고, 다른 하나는 육적인 음란함이다.

영적인 음란, 수단과 방법을 가리지 않음

당시 이스라엘 백성의 영적인 음란함은 무엇을 말하는가? 그 배경을 설명하자면 이렇다.

이스라엘 백성이 광야 생활을 거쳐서 가나안으로 진입했는데, 들어가고 보니 가나안은 농경문화였다. 이는 유목생활을 해왔던 이스라엘 백성에겐 여간 생소한 문화가 아니었다. 양 몰고 텐트 치고 다니면서 오늘은 여기서 자고 내일은 저기서 자던 그들이 갑자기 한 곳에 정착해서 농사를 지으며 살려니 얼마나 낯설고 어려웠겠는가? 그러니 농사 잘 지으며 잘 살고 있는 원주민들이 부러울 수밖에 없었다. 그런데 원주민들이 하는 이야기를 들어보니, 농사를 잘 지으려면 비를 주관하는 바알 신을 섬겨야 한단다.

사실, 이스라엘 백성은 한 번도 하나님을 떠난 적이 없다. "나는 이제 하나님 안 믿는다. 이제 하나님을 떠나겠다"라고 한 적이 없다. 다만 먹고 살아야 하니 하나님을 섬기면서 농사에 필요한 비를 주관한다고 하는 바알 신도 섬긴 것뿐이다. 그러나 이렇게 하나님을 한 번도 떠난 적이 없다고 생각하는 이스라엘의 모습이 하나님이 보시기에는 영적인 음란의 상태라는 것이다.

'포르네이아'라는 단어가 보여주듯이, 자기 쾌락과 유익을 위해서는 수단과 방법을 가리지 않는 태도에서 비롯된 것이 음란이고, 그래서 하나님 외에 하나님보다 더 의지하는 대상이 생겨난 상태가 음란의 결과이다. 이것이 영적인 음란함의 특징이다.

오늘날 우리는 어떤가? 이력서의 종교란에 '기독교'라고 쓰고, 주일이면 예배당에 앉아 있는 것을 보면 하나님을 떠난 것은 아닌 것 같다. 그러나 우리의 상태가 본문에 나오는 이스라엘 백성들과 같은 상태는 아닌가? 하나님을 믿는다고 하면서도 하나님보다 더 의지하는 영적인 바알 신이 생긴 상태는 아닌가?

음란의 전 방위적 영향력

영적인 음란함이 위험한 이유는 무엇인가? 그것이 우리의 전 생활에 영향을 미치기 때문이다. 영적인 음란함은 결국 육적인 음란함과 연결된다.

구체적으로 설명해보자. 앞에서 바알 신은 농사를 위한 비를 주관하는 신이라고 했다. 당시 바알 종교의 포인트는 이랬다. 농사를 잘 짓기 위해서는 바알 신이 비를 내려주어야 하는데, 그들은 그 비가 바알 신과 바알 신의 파트너인 아스다롯이란 여신과의 성관계를 통해 내려지는 것이라고 믿었다.

그렇기 때문에 그들의 제의식은 거룩한 창녀라 불리는 여 사제가 제단에서 남자들과 성행위를 하는 것이었다. 그러면 그 모습을 보던 바알 신도 성적인 충동을 일으켜 아스다롯 여신과 성관계를 맺게 되고, 그 과정에서 생겨나는 분비물이 비라고 믿었기 때문이다. 이것이 그들이 믿던 신앙의 핵심이다.

설명하기도 민망한, 유치하고 지저분한 이야기 아닌가? 이런 저급한 종교가 바알 종교인데, 아무리 급해도 그렇지 어떻게 하나님을 믿는 백성이 이런 종교의 영향을 받을 수 있느냔 말이다. 말이 안 되는 일이 벌어지고 말았다.

오늘날 이 세상에서 통용되고 있는 대부분의 문화는 기본적으로 이 포르네이아를 바탕으로 하고 있다. 탐욕을 목마르게 추구하고 있는 것이 이 세상 문화이다. 그리고 그 결과물로 나타나는 두드러진 현상이 성적인 타락이다.

지난여름에 미국에 다녀왔다. 그 기간 동안 미국의 장래를 염려하는 이야기를 많이 들었다. 지금 미국 사회는 동성 결혼이라는 큰 이슈로 말미암아 그 근간이 흔들리고 있다고 한다. 일례로, 대학가에서는 남녀 화장실 구분을 없애고 있는 추세라고 한다. 왜 그런가 하니, 동성연애 하는 사람들을 배려하기 위해서란다.

또 다른 분에게서 믿기 어려운 이야기를 들었다. 미국의 어느 명문대학교 기숙사에서 학생들이 시위를 했다고 한다. 왜 기숙사의 룸메이트를 남자는 남자끼리, 여자는 여자끼리 배정하느냐는 것이다. 동성연애 하는 사람들은 남자끼리, 혹은 여자끼리 같은 방을 배정받아 연애할 수도 있는데, 꼭 동성끼리 배정하는 것은 형평성에 어긋난다는 것이다. 이런 일로 시위를 했다는 것도 황당한데, 더 황당한 것은 그것이 통과가 되어서 1학년 때만 학교에서 정해주는 동성 룸메이트와 같은 방을 쓰고, 2학년 때부터는 자기가 원하는 경우 성별에 상관없이 룸메이트를 정할 수 있게 되었다고 한다.

동성애 문제만이 아니다. 세상 기준이 온통 다 흔들리는 중이다. 우리나라는 미국 문화의 영향을 많이 받는 나라이니 몇 년 지나면 우리 대학가도 저렇게 되는 것 아닌가 하는 염려를 안 할 수가 없었다. 그런 걱정스런 맘으로 한국에 돌아왔는데, 며칠 안 되어서 모 선교단체 목사의 성추문 기사가 터진 것이다. 얼마나 마음이 무너지던지, 어떤 소망도 보이지 않는 것 같았다.

지금 하나님이 우리나라와 한국 교회를 진단하신다면, 호세아서 1장 2절에 나오는 그 말씀 그대로 진단하실 것 같다.

"이 나라가 여호와를 떠나 크게 음란함이니라!"

이 나라와 교회가 영적으로, 육적으로 몹시 음란하다.

책망이 먹히지 않는다

그런가 하면 이스라엘 백성의 문제점이 하나 더 있었다. 지금 하나님께서 그들을 향해 "너희들이 음란하다"라고 말씀하시는데, 백성들은 그 지적에 동의를 하지 않는 것이다. 호세아서 곳곳에서 그런 장면을 찾아볼 수 있는데, 12장 8절 말씀을 보자.

에브라임이 말하기를 나는 실로 부자라 내가 재물을 얻었는데 내가 수고

한 모든 것 중에서 죄라 할 만한 불의를 내게서 찾아낼 자 없으리라 하거

니와 호 12:8

하나님은 우리가 중병에 걸려 있다고 다급하게 말씀하시며 문제를 제기하시는데, 이스라엘 백성은 그 진단에 동의가 안 되는 것이다. 내게서 죄를 찾을 수 있나 보라고 도리어 큰소리를 친다. 어쩌면 이것이 중병에 걸린 것 자체보다 더 큰 문제 아닌가?

세월이 얼마나 빠른지, 옥한흠 목사님이 돌아가신지 벌써 6년이 지났다. 목사님의 6주년 기일을 맞아 사랑의교회에서 부교역자 생활을 했던 몇몇 목사님들과 함께 목사님의 산소를 방문했다. 그곳에서 함께 예배를 드렸는데, 그날 사회를 본 선배 목사님이 이런 농담을 했다.

"여기 참석한 분들을 쭉 둘러보니 옛날에 옥 목사님께 엄청 깨졌던 분들은 다 와 있네요. 옥 목사님에게 주로 혼났던 사람들만 모인 것 같습니다."

그 농담에 모두들 웃었는데, 나는 함께 웃음을 터트리면서도 한편으로 그 말이 너무 감동이 되었다. 사실 부교역자 시절에 옥 목사님은 정말 무서웠다. 특히 교역자가 성도에게 상처를 주었다거나 성도와 관련해서 해서는 안 되는 잘못을 저지르면 무섭게 야단을 치셨다.

지금도 기억이 나는데, 어느 선배 목사님이 옥 목사님에게 엄청

크게 혼이 났다. 옥 목사님은 말씀을 둘러서 하시지 않는다. 그대로 직격탄을 날리신다. 회의가 끝나고도 그 분이 걱정되었는데, 풀이 다 죽어 나올 줄 알았던 그 목사님이 싱글벙글 웃는 얼굴로 나오는 것이 아닌가? 진짜 인상적이었다.

그렇게 엄청난 꾸지람을 들었는데 그 목사님은 왜 상처를 안 받았을까? 꾸지람하시는 옥 목사님 마음의 중심을 알기 때문이었다.

그 선배 목사님뿐만 아니라 다른 교역자들도 목사님께 아무리 심한 꾸지람을 들어도 상처 받는 일이 별로 없었다. 자신을 모욕 주려고 그렇게 야단친 것이 아니라는 사실을 알기 때문에, 그리고 그 말씀에 승복했기 때문에 상처가 안 되는 것이다. 그날 보니, 그 목사님도 옥 목사님 산소에 와 있었다.

오늘 우리 시대의 비극이 무엇인가? 꾸지람을 해줄 어른이 사라져버린 것이다. 요즘엔 고등학생들이 교복을 입고 저 구석에서 담배를 피우고 있어도 아무도 지적하지 않는다. 오히려 학생들에게 봉변을 당할까봐 못 본 척 얼른 지나가버리기 일쑤이다.

예전에 우리가 학교 다니던 때는 그렇지 않았다. 아무리 깡패 같은 녀석이라도 백발성성하신 할아버지가 호통을 치시면 대들지 않고 그 꾸지람을 수용하는 분위기였다. 동의가 되든 안 되든, 일단 어른이 말씀하시면 다 듣는 분위기였던 것이다. 지금은 그런 분위기가 전혀 없다. 청소년들이 어떤 잘못된 행동을 하건 간에 일절 간섭하지 않는 것이 오히려 미덕인 시대 아닌가?

사실 이것은 슬픈 일이다. 아이들 입장에서야 지금 당장 간섭 안 받고 잔소리 안 들으니 편하고 좋을지 몰라도, 그것이 자신들에게 재앙이라는 것을 모른다.

나를 꾸짖어줄 어른이 없어져버렸다. 설령 꾸짖어줄 어른이 있다고 하더라도 우리는 그 어른들의 지적을 제대로 수용하지 않는다. '왜 나한테 잔소리야' 하면서 기분 나쁘게 들으면 들었지 그것이 나를 위한 것임을 받아들이지 않는다.

당장 기독교 방송을 틀어보라. 이 시대가 얼마나 음란하고 타락했는지 모른다며 회개해야 한다고, 정신 차려야 한다고 책망하는 설교는 10편 중 한두 편도 안 된다. 전부 "축복합니다. 사랑합니다. 당신은 잘될 것입니다"란 격려의 메시지 일색이다. 왜 이렇게 책망하는 설교가 없어졌을까? 해봐야 안 듣는데 뭐하러 하겠는가? 그런 설교를 해봐야 성도들 기분이나 나쁘고, 수용하지 않으니 책망이 다 사라져버렸다.

배불리 먹다가 마침내 하나님을 잊었다

이렇게 우리가 사는 시대는 하나님의 말씀이 들리지 않는 혼미한 시대가 되어버렸다. 이것이 딱 호세아 시대 이스라엘의 상황이다. 그렇다면 이런 질문을 통해 우리 시대의 문제를 유추해볼 수 있다. 이스라엘 백성은 왜 하나님의 지적을 수용하지 않았는가? 그들은 왜 하나님의 말씀을 받아들이지 않았는가?

나는 이 질문에 대한 힌트를 호세아서 1장 1절에서 찾았다.

> 웃시야와 요담과 아하스와 히스기야가 이어 유다 왕이 된 시대 곧 요아
> 스의 아들 여로보암이 이스라엘 왕이 된 시대에 호 1:1

여기에 나오는 '요아스의 아들 여로보암'은 정확히 말하면 여로
보암 2세이다. 자료를 찾아보니 여로보암 2세가 나라를 다스리던
그 시대는 경제적으로 엄청난 부를 축적할 때라고 한다. 정치적으
로도 안정되었으며, 영토도 예전 다윗 왕과 솔로몬 왕 시대의 국경
을 거의 회복할 정도로 번성하던 때였다. 그런 때에 하나님이 "너희
가 지금 음란하다, 중병 상태다"라고 진단하시니, 이스라엘 백성들
은 동의할 수가 없었다.

"잘 되고 있는데 뭘 그렇게 잔소리를 하십니까?"

이만큼 잘 먹고 잘살게 되었는데, 영토도 확장되었고 국력은 날
로 강해지고 있는데 왜 자꾸 귀찮게 하느냐는 것이다. 나는 이 말
씀에 담긴 하나님의 탄식이 너무 아프다.

> 그들은 번성할수록 내게 범죄하니 호 4:7

뒤에 나오는 13장의 말씀은 더 아프다. 새번역 성경으로 보자.

나는 저 광야에서, 그 메마른 땅에서, 너희를 먹이고 살렸다. 그들을 잘 먹였더니 먹는 대로 배가 불렀고, 배가 부를수록 마음이 교만해지더니, 마침내 나를 잊었다. 호 13:5,6, 새번역

완전히 우리 이야기 아닌가? 우리나라의 6,70년대 보릿고개를 기억하는가? 대한민국이 어떻게 이만큼 잘사는 나라가 되었는지 벌써 잊었는가? 그런데 잘사는 나라가 되어서는 어떻게 되어버렸는가?

"그들을 잘 먹였더니 먹는 대로 배가 불렀고, 배가 부를수록 마음이 교만해지더니, 마침내 나를 잊었다."

하나님의 존재 자체를 없는 것처럼 치부해버리는데, 하나님의 말씀에 어떻게 귀를 기울이겠는가?

그 뿌리가 같다

지난여름에 터진 목회자의 성추문에 관한 기사를 보면서 내 마음 안에 엄청난 분노가 일었다.

'어떻게 목사가 저런 짓을 할 수 있는가?'

떠올릴 때마다 통탄을 금할 길이 없었다. 그런 나에게 하나님은 무서운 경고를 주셨다.

'너도 다르지 않다. 같은 부류다!'

아니, 이게 말이 되는 소리인가? 내가 무슨 짓을 했다고 나보고 같은 부류라고 하시는가?

나는 어릴 때부터 엄격한 교회에서 자랐다. 남녀 문제에 있어서 얼마나 보수적이고 엄격했는지, 학생회 임원들이 모여서 회의라도 할라치면 교회 어른들이 '어디서 다 큰 남녀가 컴컴한 데 모여 노닥거리고 있냐'고 야단을 치는 분위기였다. 그것 때문에 반발심도 컸었다. 하지만 그런 분위기 속에서 자라다 보니 자연스럽게 이성과의 관계에 있어서 조심하는 태도를 갖게 되었다. 그 때문에 지금도 이성에 대해서는 자제력을 갖게 된 것 같다. 그러나 이것은 믿음이 아니다. 단지 그렇게 교육 받았기 때문이다. 지금도 여성분과 일대일로 만나면 그렇게 어색할 수가 없다.

그런 내게 주신 하나님의 경고는 무슨 뜻인가?

'네가 성적인 죄를 지은 그 목사를 그렇게 비난하고 욕하고 있지만, 그 뿌리를 봐야 한다.'

무슨 뿌리를 말하는가? 바로 이것이다.

"그들을 잘 먹였더니 먹는 대로 배가 불렀고, 배가 부를수록 마음이 교만해지더니, 마침내 나를 잊었다."

이 말씀 앞에서 깨달은 것이, 오늘날 이런 죄를 범하는 목사들 중에 큰 교회 목사들이 많다는 사실이다. 배가 불렀다는 것이다. 그러고 보면 그런 죄의 자리까지 안 갔다 하더라도 개척할 때 가졌던 가난한 마음이 어느덧 사라지고 그 안에 교만이 자리 잡고 있다면 위험하다. 그래서 하나님의 관점으로는 이미 영적으로 같은 부류라고 지적하시는 것이다. 이것이 나를 두렵게 한다.

병 중에 가장 심각한 병이 자각 증세가 없는 병이다. 이제 와서 고백이지만, 몇 년 전에 우리 교회의 의사 장로님 한 분이 건강검진을 담당해주었다. 그런데 검사 결과를 보시더니 깜짝 놀랄 말씀을 해주셨다.

"목사님, 얼른 병원으로 오세요. 보호자와 함께 오세요."

가서 설명을 들어보니 심장으로 연결되는 큰 혈관이 세 갈래가 있는데, 그중에 한 갈래의 혈관이 3분의 2가 막혀 있다는 것이다. 보통 이 정도로 혈관이 막히면 숨이 가빠지거나 힘들어야 하는데 나는 아무런 증세가 없었다. 즉, '무통증 협심증'이었다. 그때는 월요일마다 자전거를 네 시간씩 타거나 등산을 다닐 때였는데, 전혀 통증이 없었다. 만약 60년대 같았으면 이러다 갑자기 세상 떠날 상황이었다. 전혀 자각이 없었으니 말이다.

그래서 바로 손목의 혈관을 통해 스텐트stent를 삽입하는 시술을 받았는데, 그때 손목이 화끈거리던 감각과 그 기억이 잊히지 않는다. 이런 면에서 고통은 축복이다. 통증을 느낄 수 있다는 것 자체가 축복인 것이다.

특히 내 영적인 상태, 내 죄로 인한 통증을 느낄 수 있다는 것은 큰 축복이다. 만약 지금 우리가 영적인 '무통증 협심증'을 앓고 있다면 호세아서의 말씀을 통해 '통증이 있는 협심증'으로 발전하기 바란다. 혈관이 조금만 막혀도 숨이 가빠서 견딜 수 없게 되기를 바란다. 자각 증세가 예민하게 살아 있는 것, 그것이 축복이다.

싸매어주시는 여호와께로 돌아가자

그러기 위해서는 어떻게 해야 하는가? 말씀을 읽어야 한다. 묵상해야 한다. 말씀을 통해서 나 자신을 조명하고 회개하고 돌이켜야한다. 호세아서를 주신 하나님의 목적이 바로 이것이다.

> 오라 우리가 여호와께로 돌아가자 여호와께서 우리를 찢으셨으나 도로
> 낫게 하실 것이요 우리를 치셨으나 싸매어주실 것임이라 호 6:1

범죄함으로 징계를 받고, 가슴이 아프고 마음이 무너지는 초라한 자리에 빠졌다 할지라도, 우리는 여호와께 돌아가야 한다. 여호와께서 찢으셨으나 다시 싸매어주시리라는 확신을 회복하는 것이 믿음이다. 아프지만 인정해야 한다. 외면하고 싶지만 자신의 상태를 똑바로 바라볼 수 있어야 한다.

'하나님, 제가 영적으로 병이 들었습니다. 인정하고 싶지 않고 겉으로 보기에는 멀쩡한 것 같지만, 그런 더러운 죄는 안 지은 것 같지만 제가 교만합니다. 하나님, 제 안에 교만이 자리 잡고 있습니다.'

호세아서 말씀을 묵상하는 내내, 2007년 상암경기장에서 열렸던 평양대부흥 100주년 기념성회에서 절규하며 설교하셨던 옥한흠 목사님의 말씀이 내 머릿속에 쟁쟁거렸다. 그때 목사님은 이미 은퇴하시고 육신적으로 병이 깊은 상태이셨다. 70세가 넘으신 그 어른이 두 손을 높이 들고 "주여, 한국 교회를 살려주시옵소서. 한

국 교회를 살려주시옵소서"라고 눈물로 기도하시며 충격적인 말씀을 하셨다.

"이 놈이 죄인입니다. 이 놈이 한국 교회를 망쳐놓은 주범입니다."

오늘 우리 시대에는 이런 눈물의 어른이 잘 보이지 않는다. 그러나 이렇게 안타까워 한다고만 해서 옥한흠 목사님이나 그 시대의 기라성 같았던 어른들이 다시 살아 돌아오시지 않는다. 이제는 우리가 그 역할을 해야 한다. 우리도 하나님 앞에서 "하나님, 이 놈이 죄인입니다"라고 눈물로 통렬히 회개해야 한다. 그럴 때 하나님이 우리의 찢긴 상처를 치유하시며 깨어진 것을 싸매어주실 것이다.

그 하나님 앞에 우리의 마음을 정직하게 드러내 보이자. 하나님의 진단 앞에 "맞습니다. 하나님, 제가 탐심 때문에 바알 신을 의지하는 영적인 음란함에 빠져 있습니다"라고 인정하자. 그 고백을 들으시고 "내가 어찌 너를 버리겠느냐! 내가 어찌 너를 버리겠느냐"라고 하시는 하나님의 위로를 받아 누리는 은혜를 회복하는 자리로 나아가자.

호 1:1 웃시야와 요담과 아하스와 히스기야가 이어 유다 왕이 된 시대 곧 요아스

의 아들 여로보암이 이스라엘 왕이 된 시대에 브에리의 아들 호세아에게 임한

여호와의 말씀이라

CHAPTER 02

말씀을 가지고
돌아오라

개인적으로 참 존경하고 좋아하는 장로님 부부가 계시는데, 최근에도 오랜만에 만나 교제를 나누었다. 이렇게 좋은 신앙의 선배가 있다는 것이 얼마나 감사한지 모른다. 그날, 이 두 분을 비롯하여 견고한 신앙을 가진 믿음의 선배님 부부 몇 가정과 만나 대화하면서 많은 도전을 받았다. 이분들과 대화하는 중에 권사님이 자기 남편에 대해 이런 말씀을 하셨다.

"사실 우리 부부는 성격이 너무 달라서 신혼 때부터 진짜 힘들었습니다. 얼마나 고지식한지 말로 다 할 수가 없었습니다."

그러면서 예전에 그 남편 장로님이 어땠는지 성격을 묘사하시는데, 부부싸움을 하거나 무슨 일 때문에 화가 나면 몇 날이고 말씀을 안 하셨다고 한다. 그 장로님에게도 나름의 이유는 있었다. 화가 난 상태에서 말을 하면 실수하기 쉽기 때문에 말을 안 했다는 것이다. 이것 자체는 참으로 귀한 마음이지만, 그러나 젊은 아내가 소화하기에는 좀 벅찬 일 아닌가?

권사님은 그 와중에 있었던 이야기 하나를 더 소개했다. 몇 십 년 전의 일이지만 아직도 그날 일을 선명하게 기억하신다면서 전하는 내용이 이랬다.

그날도 남편이 무슨 일로 화가 난 채로 출근했다고 한다. 그렇게 출근하는 남편을 보면서 아내 마음이 힘들어졌다. 그동안 몇 차례 겪어온 게 있으니 '이건 일주일짜리다. 이제 한동안 또 입을 다물겠구나' 하는 생각이 들면서 마음이 힘들어졌다고 한다.

그런데 그날 놀라운 일이 벌어졌다. 회사에서 돌아온 남편이 며칠 간 말을 안 할 것이라는 예상을 깨고 바로 말을 건네더라는 것이다. 더 놀랍게도 아침에 있었던 일을 사과까지 했다. 있을 수 없는 일이 벌어졌다. 신혼의 아내는 너무 놀라 어안이 벙벙했다.

어찌된 영문인가 하니, 그 장로님은 젊은 시절부터 회사 점심시간에 식사를 하고 시간이 남으면 성경을 읽으셨다고 한다. 그날도 점심식사를 마치고 성경을 읽는데, 눈에 확 들어오는 구절이 하나 있었다. 에베소서 말씀이었다.

> 분을 내어도 죄를 짓지 말며 해가 지도록 분을 품지 말고 엡 4:26

장로님은 이 말씀을 읽으면서 그동안 자기가 잘못했다는 것을 깨달았다.

'내가 아무리 화가 난다고 해도 이렇게 며칠씩 말을 하지 않는 것은 옳은 일이 아니구나!'

이분이 참으로 귀하고 존경스러운 것이, 말씀을 깨달으면 깨달은 그대로 실천하셨다는 것이다. 그래서 장로님은 집에 가자마자 아내에게 말을 건네고 사과를 하셨다. 권사님은 이 이야기를 해주시면서 이렇게 덧붙이셨다. 그 말씀이 내게 정말 큰 도전과 감동이 되었다.

"저 사람은 사람의 말은 몰라도 하나님의 말씀이 이렇다 인정되면 무조건 순종해요. '해가 지도록 분을 품지 말고'라는 말씀을 깨닫고 저에게 사과한 그날부터 오늘날까지 그 말씀을 지키고 있습니다. 처음엔 성격이 많이 달라서 힘들고 상처도 많이 받고 했는데, 늘 말씀으로 자기를 돌아보고 깨달은 대로 살아내니 시간이 갈수록 존경하게 되더라고요. 지금은 정말 존경하는 남편이에요."

여전히 말씀하고 계신 하나님

오늘 우리는 말씀이 들리는 생활을 하고 있는가? 깨달은 그 말씀대로 살아내고 있는가? 말씀이 나에게 영향을 미치고 있는가? 자기 자신을 점검해야 한다.

오늘도 하나님은 말씀하고 계신다. 그리고 그 말씀을 통해서 우리를 변화시키기 원하시고, 우리가 회개하고 새로운 피조물로 나아가길 원하신다.

이런 관점에서 호세아서를 묵상하다 보니 호세아서가 달리 읽히며 은혜가 되었다. 그중에서도 가장 먼저, 그리고 가장 강력하게 감동으로 다가오는 구절이 있었다. 바로 호세아서 1장 1절 말씀이다.

> 웃시야와 요담과 아하스와 히스기야가 이어 유다 왕이 된 시대 곧 요아
> 스의 아들 여로보암이 이스라엘 왕이 된 시대에 브에리의 아들 호세아에
> 게 임한 여호와의 말씀이라 호 1:1

한글 성경은 우리말의 어순과 어법에 따라 "호세아에게 임한 여호와의 말씀이라"가 1절 맨 끝에 위치해 있지만, 원어를 보면 이렇게 시작된다.

"여호와의 말씀이라 호세아에게 임한…."

그러니 호세아서는 "여호와의 말씀이라"로 시작되는 성경이다. 이것이 내게 그렇게 감동이 될 수가 없었다.

호세아 시대는 엄청난 타락과 배교의 시대였다.

> 여호와께서 이 땅 주민과 논쟁하시나니 이 땅에는 진실도 없고 인애도
> 없고 하나님을 아는 지식도 없고 오직 저주와 속임과 살인과 도둑질과
> 간음뿐이요 포악하여 피가 피를 뒤이음이라 호 4:1,2

이쯤 되면 인간의 강퍅함이 거의 하늘을 찌르는 수준이다. 그런데 이렇게 포악하고 강퍅하던 시대에도 하나님은 끊임없이 말씀하고 계셨다. 그 타락한 인간들에게 끊임없이 말을 건네고 계시는 하나님이 내게 너무 감동이 되었다.

그리고 호세아서 기자인 호세아 선지자의 관점으로 이것을 묵상해보니 눈물이 핑 돌 정도로 그 마음이 절실하게 와 닿았다.

호세아 선지자는 왜 "여호와의 말씀이라"라는 말로 이 성경을 시작했을까? 그가 하나님이 자신에게 주셨던 말씀을 묵상하고 기록하면서 품었던 강렬한 소원은 무엇이었을까? 타락한 자기 민족을 향해 들려주고 싶었던 절박한 메시지는 무엇이었을까?

"인간의 눈으로 보기에 이제 우리 민족은 희망이 없다. 우리는 망할 수밖에 없다. 그러나 우리가 기억해야 할 것이 하나 있다. 그럼에도 불구하고 하나님은 오늘도 우리를 포기하지 않으시고 우리에게 말씀하고 계신다! 이 하나님의 말씀을 받을 수만 있다면, 하나님의 말씀 앞에 우리가 돌이켜 회개하기만 한다면 우리에겐 아직 희망이 있다!"

이것을 전하고 싶었던 것은 아니었을까? "여호와의 말씀이라"라는 이 한 구절을 묵상하는데 호세아 선지자의 그 절박한 심정이 고스란히 전해지는 것 같았다.

여호와의 말씀이라!

그러고 보면 호세아서뿐만 아니라 구약의 선지서들 중에는 "여호와의 말씀이라"라고 시작되는 성경이 상당히 많다.

요엘서 1장 1절은 "브두엘의 아들 요엘에게 임한 여호와의 말씀이라"라고 시작한다. 요나서 1장 1절은 "여호와의 말씀이 아밋대의 아들 요나에게 임하니라 이르시되"라고 시작한다. 스바냐서 1장 1절은 "아몬의 아들 유다 왕 요시야의 시대에 스바냐에게 임한 여호와의 말씀이라"라고 시작한다.

혼란스러운 그 시대에는 누가 진짜 선지자이고 누가 가짜 선지자인지, 누가 진짜 하나님의 사람이고 누가 흉내만 내는 가짜인지 구별하기 힘들었을 것이다. 그럼에도 한 가지 구별법은 있었을 것 같다. 여호와의 말씀이 먼저 본인에게 임하고, 임한 말씀이 본인의 삶에 능력으로 나타나 자기가 먼저 영향을 받고, 그렇게 임한 말씀을 백성에게 전하는 사람은 진짜 선지자이다.

가짜 선지자들은 어떤가? 말씀을 사랑하지도 않고, 말씀이 임하지도 않으며, 말씀이 임하지 않았는데도 전혀 답답해하지도 않고, 그러면서 임하지도 않은 말씀이 임한 척 제멋대로 전한다.

오늘날도 마찬가지다. 누가 진짜 목사이고 누가 가짜 목사인가? 말씀이 먼저 나에게 임하고, 그 임한 말씀에 내가 영향을 받아 주님 앞에 돌이키고 점검하고 교정함을 받아 그 말씀을 전하면 진짜 목사이다. 그런가 하면, 말씀이 임하지도 않았는데 임한 척하면서 전혀 말씀에 영향 받지 않은 채로 주석 보고 베껴서 대충 설교하면 그것은 미성숙한 목사, 가짜 목사일 것이다.

이런 면에서 내가 노력하는 부분이 있다. 설교할 때, 가능하면 내가 한 주간 직접 겪었던 하나님의 인도하심이나 혹은 하나님 앞에서 내가 실수했던 이야기들을 많이 인용하려고 한다는 점이다. 말씀이 먼저 설교자인 나 자신의 삶을 통과하지 못했다면, 그 설교는 살아 있는 설교라고 하기 어렵다고 믿기 때문이다. 그래서 내가 실수하고 실패했던 이야기들을 오픈하는 것이 부끄럽기는 해도 그런 내용들도 가감 없이 나누려고 노력한다.

이것은 목회자에게만 적용되는 잣대가 아니다. 우리는 어떤가? 진짜 제대로 된 성숙한 크리스천인가? 말씀을 사모하는가? 그 말씀에 영향을 받고 있는가? 앞에서 소개한 그 장로님처럼 말씀이 임할 때 그 말씀대로 살려고 노력하고 애쓰고 있는가? 만약 그렇다면 그 사람은 성숙한 진짜 크리스천이다.

미숙한 크리스천은 말씀에 관심도 없고 말씀이 임하지도 않을 뿐더러, 말씀이 임하지 않아도 전혀 답답해하지 않는다. 월급 안 오르는 게 답답하지 하나님의 말씀 안 들리는 게 뭐 답답할 일인가? 그러나 이런 사람은 미숙한 크리스천이다. 우리는 다 말씀에 영향을 받아야 한다.

기독교 세계관의 대가라고 불리는 프란시스 쉐퍼 박사가 쓴 책 중에 《거기 계시는 하나님》이라는 책이 있다. 쉐퍼 박사는 그 책에서 현 시대의 여러 문제점들을 나열했다. 그러면서 그가 가장 하고 싶어 한 말은, 이 모든 문제의 발달은 우리가 살아 계신 하나님의 존재를 모른 채 살아가기 때문이란 것이다.

이 논의는 점점 더 발전해서 그는 '하나님은 거기 계시며 침묵하지 않으신다'고 말하기에까지 이른다

"He is there and He is not silent"(하나님은 거기 계시며 침묵하지 않으신다).

하나님은 거기 계신다. 그뿐 아니라 침묵하지 않으신다. 이것이 나에게 너무 도전이 되었다.

오늘도 나는 하나님이 살아 계시며 나의 주인이 되심을 믿는다. 그리고 그 하나님은 오늘도 침묵하지 않으시고 내게 말을 걸고 계신다. 내가 이 땅에서 어떻게 살아야 하는지 가르쳐주신다. 목회를 어떻게 해야 하는지 매일 새벽마다 가르쳐주시고, 나의 잘못된 것들을 교정해주신다. 여전히 부끄럽지만, 그래도 지금까지 큰 실수하지 않고 목회할 수 있었던 결정적인 이유가, 바로 거기 계시며 침묵하지 않으시는 하나님 때문임을 믿는다.

잘못된 신앙 토양

이런 차원에서 살펴보니, 오늘의 한국 교회가 이렇게 타락하고 변질되었다고 비난 받을 수밖에 없는 중요한 이유 하나를 발견하게 된다. 한국 교회는 '그 사람이 전하는 말씀'보다 '그 말씀을 전하

는 사람'이 중요해지는 이상한 구조에 빠졌다. 목사가 전하는 '하나님의 말씀'보다 그 말씀을 전하는 '목사'가 더 주목받고 중요해져 버린 구조라는 말이다.

나는 지금 어떤 신앙생활을 하고 있는가? 그 사람이 전하는 말씀이 소중한 신앙생활을 하고 있는가? 아니면 그 말씀을 전하는 사람이 소중한 신앙생활을 하고 있는가? 이 차이가 느껴지는가? 아주 중요한 차이이다.

만약에 누가 전하는지보다 그 목사가 전하는 말씀에 무게를 둔 신앙생활을 한다면, 목사가 잘못된 길에 들어섰을 때 어떤 선택을 하겠는가? 예를 들어, 그동안 목회 잘하던 어느 목사가 갑자기 어느 늦은 밤에 여 성도에게 전화를 걸어 이렇게 말했다고 해보자.

"집사님, 제가 지금 하나님의 계시를 받았는데 집사님과 만나서 커피 한 잔 하라고 하시네요. 남편 몰래 나오세요."

'그 사람'이 아니라 그 사람이 전하는 '말씀'이 소중한 신앙생활을 했다면 이런 전화를 받자마자 "아니, 이 사람이 미쳤나? 알고 보니 목사도 아니었네. 끊어요!" 하고 다른 교회로 옮겨버렸을 것이다. 그런데 그 사람이 전하는 말씀이 아니라 그 말씀을 전하는 사람이 신앙의 중심에 있으면 어떻게 되는가? 옷을 주섬주섬 챙겨 입고는 '주의 종이 오라는데 가야지. 주의 종이 계시를 받았다는데' 하면서 나가는 것이다.

우리에게는 오직 하나님의 말씀만 중요해야 한다.

많은 분들이 나에게 이런 이야기를 한다.

"목사님은 변하시면 안 됩니다. 목사님마저 변하시면 절대 안 됩니다."

간곡하게 부탁을 하기도 하고, 어떤 분은 "목사님마저 변하시면 우리는 벼랑 끝에서 떨어져 죽습니다"라는 절박한 말씀을 하신다.

아니, 내가 변하는데 그 분이 왜 떨어져 죽는가? 내가 혼미해져서 타락하고 변질되면 해결책은 간단하다. 쫓아내면 된다. 잘못된 목사는 쫓아내고 말씀이 그 중심에 잘 서 있는 후임 목사를 모시면 그만이다. 이런 차원에서 보면 내가 변하는 것은 우리 아내가 걱정할 일이지 성도들이 그렇게까지 걱정할 일은 아니다. 사람이 아니라 말씀이 중심 되어야 한다.

한국 교회에서는 담임목사와 같은 특정 사람이 너무나 중요한 자리를 차지하는 구조가 많아졌다. 그래서 목회자가 말도 안 되는 요구를 하는데도 순종하는 잘못된 신앙 토양이 형성된 것이다. 그리고 여기에 반해 진짜 소중히 여겨야 할 말씀은 소홀하게 대하며 잘 읽지도, 묵상하지도 않는 이상한 풍토가 만들어졌다. 정말 너무하다 싶을 정도로 성경에 무지한 것이 현실 아닌가?

그렇다면 이런 잘못된 토양을 어떻게 고쳐야 하는가? '그 사람'이 아니라 그 사람이 전하는 '말씀'을 소중히 여기는 신앙생활로 전환해야 한다. 애를 써서 바꿔야 한다.

당신은 지금 어떤 신앙생활을 하고
있는가? 그 사람이 전하는 말씀이
소중한 신앙생활을 하고 있는가?
아니면 그 말씀을 전하는 사람이
소중한 신앙생활을 하고 있는가?

말씀이 세운다

내가 이런 생각을 하게 된 것은 사도행전의 이 말씀 때문이다.

> 지금 내가 여러분을 주와 및 그 은혜의 말씀에 부탁하노니 그 말씀이 여
> 러분을 능히 든든히 세우사 거룩하게 하심을 입은 모든 자 가운데 기업
> 이 있게 하시리라 행 20:32

이는 바울이 3년 동안 정들었던 에베소교회를 떠나면서 장로들에게 한 부탁의 말씀이다. 한번 생각해보라. 만약 내가 분당우리교회에서 이번 달까지만 사역하고 다음 달에는 사표를 내고 이민을 가게 되었다고 가정해보자. 지금까지 정을 주었던 내 마음이 얼마나 아프겠는가? 그런 내가 장로님들을 초청하여 마지막으로 식사를 나눈다면 무슨 부탁을 할 것 같은가? 후임 목사 잘 뽑아야 한다는 부탁을 하지 않겠는가? 게다가 바울은 교회에 대한 이런 슬픈 예견을 한 상태였다.

> 내가 떠난 후에 사나운 이리가 여러분에게 들어와서 그 양 떼를 아끼지
> 아니하며 또한 여러분 중에서도 제자들을 끌어 자기를 따르게 하려고 어
> 그러진 말을 하는 사람들이 일어날 줄을 내가 아노라 행 20:29,30

내가 떠나고 난 이후에 분당우리교회에 이단들이 들어와 교회가

온통 쑥대밭이 될 것이 분명하다면, 교회를 떠나는 입장에서 분명히 이런 부탁을 할 것이다.

"장로님, 제 후임 목사를 잘 세우셔야 합니다. 진짜 잘 세우셔야 합니다."

그런데 놀랍게도 바울은 그렇게 부탁하지 않는다. 이 부분을 새번역성경으로 다시 보자.

> 나는 이제 하나님과 그의 은혜로운 말씀에 여러분을 맡깁니다. 행 20:32

교회가 어려움에 빠지지 않도록 하기 위해서 잘 준비된 후임 목사를 세울 것을 부탁하는 것이 아니라 '은혜로운 말씀'에 성도들을 맡긴다는 것이다. 이것이 참 인상적이지 않은가? 그러면 바울은 왜 후임 목사에게 맡긴다고 하지 않고 말씀에 맡긴다고 하는가? 32절에 답이 있다.

> 지금 내가 여러분을 주와 및 그 은혜의 말씀에 부탁하노니 그 말씀이 여러분을 능히 든든히 세우사 행 20:32

바울이 가진 확신이 무엇이었는가? 교회를 세우는 것은 그 말씀을 전하는 '사람'이 아니라 '말씀'이라는 것이다. 바울에게는 이 확신이 있었다.

그렇다! 그 사람이 전한 말씀, 그 말씀이 우리를 세운다. 하나님이 주신 말씀이 내 인생의 중심에 든든히 서 있을 때, 그 말씀이 우리를 든든하게 세우는 줄 믿기 바란다.

뭣이 중헌디?

이런 생각을 하다 보니, 예전에 청소년 사역을 했던 때의 기억이 떠올라 민망한 마음이 들었다. 한참 중등부 사역을 하던 때의 일이다. 당시 〈TV는 사랑을 싣고〉라는 프로그램이 유명했는데, 어느 명사가 나와서 시골 초등학교 시절의 은사를 찾는 모습을 보면 얼마나 감동적이었는지 모른다. 그래서 나는 아이들에게 농담 삼아 이런 이야기를 종종 했었다.

"목사님에게 소원이 하나 있다. 목사님이 백발이 성성해지고 너희들도 중년이 되었을 때, 내 제자 중에 하나가 〈TV는 사랑을 싣고〉에서 나를 찾아주면 좋겠다. 그래서 나는 지금도 기도하고 있다. 저 프로그램 안 없어지게 해달라고!"

이런 이야기를 하면 아이들은 막 웃곤 했다. 해마다 겨울이 되면 중3 아이들을 고등부로 올려 보내기 전에 마지막으로 기도해주고 축복해주고자 겨울수련회를 갔다.

어느 중3 수련회 때 있었던 일이다. 그때도 아이들에게 마지막으로 설교를 하며 농담 삼아 이런 부탁을 했다.

"이제 이 수련회가 끝나면 너희들은 고등부로 올라가고 나와는 헤어지게 되는데, 목사님이 자주 하던 이야기 기억나지? 〈TV는 사랑을 신고〉에 출연하게 해줘. 목사님은 그게 소원이다."

물론 웃자고 한 이야기이다. 그런데 그 중3 수련회 마지막 날에 마음이 참 훈훈했던 일이 있었다.

마지막 날 밤, 조별 연극대회를 하는데, 내 기억으로 열 몇 팀이 참가했다. 그런데 참가한 팀 중에서 일곱 팀인가 여덟 팀인가가 〈TV는 사랑을 신고〉를 패러디했다. 연극 속이었지만 "목사님!"을 외치며 나를 찾는데, 그 모습을 뒤에서 보고 있자니 내 마음이 참 흐뭇했다.

'내가 헛살진 않았구나. 아이들이 나에게 영향을 많이 받았구나. 아이들이 나를 많이 생각하고 있구나!'

그렇게 수련회가 끝나고 몇 달이 지났을 때였다. 지금도 그날을 잊을 수 없다. 길을 걸어가는데 갑자기 그 중3 수련회가 떠오르면서 얼굴이 화끈거렸다.

'아니, 중등부 때 나에게 배웠던 제자들에게 이찬수 목사라는 사람이 그렇게까지 각인될 필요가 있는가? 몇 십 년이 지나도 잊히지 않는 그런 존재로 자리매김하는 게 그렇게 중요한 문제인가? 몇 십 년이 지나서 아이들이 내 얼굴도 잘 기억이 안 나고, 내 이름이 박찬수였는지, 김찬수였는지 제대로 기억 못하면 어떤가? 그때 그 말씀을 누가 전해주었는지는 가물가물하지만, 그때 그 목사님이 전해주셨던 그 말씀, 중등부 시절에 우리에게 해주었던 그 말씀이 마음

에 각인되어서 오래도록 영향을 미친다면 그것이 중요한 것 아니겠는가?'

사도행전의 말씀 앞에서 이 생각이 불쑥 들며 정말 부끄러웠다. 이제는 더 이상 이런 부끄러운 자리에 빠지고 싶지 않다. 나는 우리 교회의 성도들이 이찬수라는 사람을 소중히 여기며 기억하기보다는 그 사람이 전한 '말씀', 그 말씀을 소중히 여기는 성도들이 되기를 바란다. 진심으로 그렇게 되기를 바란다.

이런 맥락에서 하나님의 말씀과 관련하여 호세아서를 통해 우리가 기억해야 할 두 가지 균형을 생각해보자.

말씀이 주어지는 한 아직 기회가 있다

첫째로, 말씀을 주시는 것 자체가 계속 기회를 주고 계신다는 뜻임을 알아야 한다. 우리가 일시적으로 타락하고, 옆길로 가고, 잘못된 자리에 빠진다 해도 내게 여전히 말씀이 들려지는 한 절망은 없다.

호세아 선지자는 타락한 이스라엘을 향해 이렇게 호소한다.

이스라엘아 네 하나님 여호와께로 돌아오라 호 14:1

이어지는 2절은 이렇게 호소하고 있다.

호세아는 여호와께 돌아오되, '말씀을 가지고' 돌아오라고 호소한다. 말씀은 우리를 하나님께로 돌이키는 결정적인 도구이다. 그래서 지금은 내가 비록 비참한 자리에 빠져 있지만 내 귀에 여전히 하나님의 말씀이 들려진다면, 그리고 그 말씀에 영향 받는다면 회복이 가능하다.

우리 교회에서는 2016년 한 해 동안 매 주일 예배 때마다 말씀 암송 카드를 나눠주면서 교회적으로 말씀을 암송하는 운동을 진행했다. 우리가 일주일에 한 구절씩만 말씀을 암송해도 그것이 우리 뇌리에 차곡차곡 쌓여서 결정적인 순간에 어떤 능력을 발휘할지 아무도 모른다.

최근에 어느 대기업 간부가 자살하는 사건이 있었다. 들어보니 이분도 크리스천이라고 했다. 사건 자체도 마음 아팠지만, 그 분이 자살하기 전에 CCTV에 포착된 모습이 내 마음을 정말 아프게 했다. CCTV를 보니 그 사람은 자살을 결심하고도 많이 망설이는 모습을 보였다. 자살할 장소로 왔다가 되돌아갔다가 다시 왔다가 또 되돌아갔다가 하는 그 모습이 너무 마음이 아팠다. 그런 망설임 끝에 결국 그 사람은 자살하고 말았는데, 그 모습을 보며 이런 생각이 들었다.

'그 분이 그렇게 죽음과 삶 사이를 왔다 갔다 할 때, 그때 하나님의 말씀이 작동되었다면 어떻게 되었을까? 하나님의 말씀이 그에게 능력으로 나타나 내가 살아야겠다고, 내가 한 잘못의 대가를 치르고 다시 기회를 찾아야겠다고 결심할 수 있었다면 얼마나 좋았을까.'

이 생각이 내 마음에 오랜 진동을 일으키며 아픔으로 남았다.

매주 말씀을 암송한다고 해도 사실 다 잊어버린다. 늘 기억하고 사는 것은 아니다. 그러나 내 인생의 결정적인 순간, 그때 그 말씀이 살아 있는 말씀으로 내게 영향을 미쳐 나를 살리는 생명의 능력이 되리라 믿는다.

그러나 기회는 영원히 계속되지 않는다

둘째로 우리가 기억해야 할 것은, 말씀을 주시는 것 자체가 계속 기회를 주신다는 뜻인 것은 사실이지만, 그렇다고 해서 그 기회가 영원히 계속된다는 것은 아니라는 사실이다.

역사를 보면 구약시대 말기 이후에 침묵기가 있었다. 더 이상 하나님의 말씀이 들리지 않던 시대였다. 그래서 이것을 다른 말로 암흑기라고도 한다.

그런데 이 침묵기가 언제 시작되었는가 하면, 그렇게 말씀을 가지고 하나님께 돌아오라고 호소하던 호세아 선지자가 활동하고 난 이후였다. 정말 가슴 아픈 사실 아닌가? 기회 있을 때, 그렇게 하나님이 돌아오라고 말씀을 주실 때, 그때 돌이켰더라면 얼마나 좋았을까?

그래서 우리 인생은 두 부류로 나눌 수 있을 것 같다. 죄 짓는 인생, 죄 안 짓는 인생이 아니다. 이렇게 나뉠 수 없다. 우리는 모두가 다 죄인이기 때문이다. 모두가 다 죄를 짓는다는 공통점을 갖고 있지만, 그럼에도 하나님이 주시는 기회를 선용하는 인생과 하나님이 주시는 기회를 놓치는 인생, 이렇게 두 갈래로 나뉜다.

그러고 보니, 이 두 부류에 각기 딱 들어맞는 성경의 인물이 있다. 하나는 사울 왕이고 다른 하나는 다윗 왕이다. 이 두 사람을 살펴보는 과정에서 아주 흥미로운 사실을 발견했다. 하나님께서는 사울이 지은 죄와 다윗이 지은 죄를 같은 죄질로 취급하셨다는 것이다.

> 사무엘이 사울에게 이르되 나는 왕과 함께 돌아가지 아니하리니 이는 왕
> 이 여호와의 말씀을 버렸으므로 삼상 15:26

이 말씀은 사무엘상 15장에 기록된 것으로 우리가 잘 아는 사울의 불순종 사건 때문에 주어진 말씀이지만, 이후에 타락한 사울의 전체적인 삶의 특징을 단적으로 보여주는 말씀이기도 하다. 성경은 타락한 사울을 지적하면서 "왕의 행위가 타락했다"라고 말하지 않았다. "왕이 여호와의 말씀을 버렸다"라고 표현했다.

이것이 성적인 죄를 범한 다윗에게도 똑같이 적용된다.

그러한데 어찌하여 네가 여호와의 말씀을 업신여기고 나 보기에 악을 행

하였느냐 삼하 12:9

성경은 성적인 죄를 지은 다윗에게 "너는 왜 그런 더러운 죄를 지
었니?"라고 지적하지 않고 "네가 여호와의 말씀을 업신여겼다"라고
지적하고 있다. 하나님께서는 사울과 다윗의 범죄를 모두 여호와의
말씀을 업신여기고 버린 같은 죄질로 보고 계셨다는 것이다.

그런데 두 사람의 최후는 어떤가? 한쪽은 망해버렸고 한쪽은 아
직도 존경받는 왕으로 남아 있다. 미국에 다윗의 이름을 따서 '데이
비드'라고 이름 짓는 사람들이 얼마나 많은가? 왜 자기 아들을 낳
아서 성범죄자인 다윗의 이름을 붙이겠는가?

두 사람 모두 똑같은 죄를 지었지만, 한 사람은 하나님의 기회를
놓쳐버렸고, 한 사람은 나단을 통해 말씀을 주실 때 철저하게 회개
하고 돌이켜 그 기회를 선용했기 때문이다.

우리 가운데 누구라고 사울과 같은 교만과 죄의 자리에 빠지지
않으리라고 자신할 수 있겠는가? 누구라고 다윗처럼 성적인 죄 앞
에 노출되지 않을 사람이 있겠는가?

중요한 것은 기회를 잡는 것이다. 오늘 우리에게 하나님이 말씀
을 주실 때, 그 말씀이 우리 심령에 박혀 회개하고 돌이키는 다윗의
길을 가면 우리는 살아날 것이다. 하지만 사울처럼 선포되는 말씀
앞에서도 끝까지 반응하지 않으면 우리의 심령은 죽고 만다.

우리 모두가 패망의 사울의 길이 아니라 회복의 다윗의 길을 걸어가는 복된 삶을 살게 되기를 간절히 바란다. 아직 기회가 있을 때 잡아야 한다!

호 1:4-11 조금 후에 내가 이스르엘의 피를 예후의 집에 갚으며 이스라엘 족속의 나라를 폐할 것임이니라 그 날에 내가 이스르엘 골짜기에서 이스라엘의 활을 꺾으리라 하시니라 … 내가 다시는 이스라엘 족속을 긍휼히 여겨서 용서하지 않을 것임이니라 … 너희는 내 백성이 아니요 나는 너희 하나님이 되지 아니할 것임이니라 그러나 이스라엘 자손의 수가 바닷가의 모래같이 되어서 헤아릴 수도 없고 셀 수도 없을 것이며 전에 그들에게 이르기를 너희는 내 백성이 아니라 한 그 곳에서 그들에게 이르기를 너희는 살아 계신 하나님의 아들들이라 할 것이라 이에 유다 자손과 이스라엘 자손이 함께 모여 한 우두머리를 세우고 그 땅에서부터 올라오리니 이스라엘의 날이 클 것임이로다

사랑하기 때문에
화가 난다

호세아서를 읽다 보면 가장 먼저 발견되는 것
이 범죄한 이스라엘 백성에 대한 하나님의 분노이다. 1장 내내 하나
님의 분노가 쏟아진다.

> 여호와께서 호세아에게 이르시되 그의 이름을 이스르엘이라 하라 조금
> 후에 내가 이스르엘의 피를 예후의 집에 갚으며 이스라엘 족속의 나라를
> 폐할 것임이니라 호 1:4

또 6절 하반절을 보라.

> 내가 다시는 이스라엘 족속을 긍휼히 여겨서 용서하지 않을 것임이니라

심지어 9절 하반절에서는 이렇게 말씀하신다.

> 너희는 내 백성이 아니요 나는 너희 하나님이 되지 아니할 것임이니라
>
> 호 1:9

사람도 격분하면 할 말 못할 말 막 쏟아놓을 때가 있는데, 지금 1장에서 보이는 하나님의 모습이 딱 그런 상태인 것 같다는 느낌을 받는다. 하지만 아무리 화가 난다고 해도 어떻게 하나님이 "너희는 내 백성이 아니야. 나는 이제 너희 하나님이 되지 않을 거야"라고 말씀하실 수 있을까?

이미 살펴본 것처럼 호세아서의 큰 주제는 '포기하지 않으시는 하나님의 사랑'이다. 그런데 지금 보이는 하나님의 모습은 그런 사랑의 모습은 아닌 것 같다. 참 모순처럼 보이지 않는가? 이것을 어떻게 설명할 수 있을까?

사랑이 없으면 분노도 없다

타락한 백성을 향해 분노를 쏟아내시는 하나님의 모습을 묵상하면서 내가 겪었던 두 가지 일이 떠올랐다. 하나는 지난여름에 경험한 일이다.

아끼는 청년 하나가 시험에 들었다는 이야기를 들었다. 믿음도 좋고 참 반듯하다고 생각한 청년인데, 타락한 목회자들에게 실망

하고 상처를 받은 나머지 "난 이제 교회에 안 간다"라고 선언했다고 한다. 내가 알기로 그 청년은 사소한 문제로 교회에 안 갈 청년은 아니었다. 그런 그가 목회자들에 대한 실망으로 꽉 차서 교회를 떠나겠다는 것이다.

그래서 그 청년을 불러 이런저런 대화를 나누었는데, 우선 너무 미안했다. 나 같은 목회자가 믿음 좋은 청년들에게 신앙생활 잘 하라고 용기를 북돋아주어도 시원찮을 텐데 실망만 안겨주니, 정말 진심으로 미안했다. 긴 시간 동안 대화를 나누면서 그 청년은 내 마음이 아플 정도로 조목조목 따지듯 이야기를 했다. 그러다 섬뜩할 정도로 마음 아팠던 한 마디를 했다. 그때가 모 선교단체 목사의 성적인 죄가 드러났던 때였다.

"몇 년 전에 이와 비슷한 사건이 있었을 때는 저도 정말 엄청나게 분노했었습니다. 어떻게 목사가 그럴 수 있느냐고 너무너무 화가 나고 속이 상했습니다. 그런데 지금은 그런 소식을 들어도 아무렇지도 않습니다. 화도 안 납니다."

너무 마음이 아팠다. 이 말이 꼭 이렇게 들려졌기 때문이다.

'난 이제 당신들과 상관없어. 난 이제 교회를 떠날 거야. 당신들이 무슨 짓을 하든지 이제 내 알 바 아니야.'

포기하지 않으셔서 감사합니다

그리고 몇 년 전에 있었던 또 한 가지 일이다. 교역자 회의 때 있었던 일인데, 그날 내가 엄청나게 화가 많이 나 있었다. 무슨 일인지 기억은 잘 안 나지만 아마도 우리 교회의 어느 교역자가 성도에게 해서는 안 될 실수를 했었던 것 같다. 그런 일이 처음이 아니어서 벌써 몇 번이나 주의를 주었는데도 유사한 일이 또 일어나 화를 많이 냈었다.

대부분의 교역자가 잘못이 없었음에도 불구하고 나는 격앙이 되어서 잔소리를 하고 소리를 쳤다. 그날 여러 교역자가 "죄송합니다. 다시는 안 그러겠습니다" 하며 자기 반성적인 이야기를 했다. 그런데 그 와중에 한 교역자가 뜬금없이 이런 말을 했다.

"저희를 포기하지 않으셔서 감사합니다."

사실 너무 뜬금없는 이야기 아닌가? 그런데 나는 그 말이 너무 고마웠다. 우선 그렇게 심한 잔소리를 기분 나쁘게 듣지 않고 잘 받아준 것이 고맙고, 뜬금없어 보이는 말이었지만 내 마음을 가장 정확하게 이해하고 파악해준 정곡을 찌른 말이었기 때문이었다.

사실 그 말이 맞다. 내가 두 번, 세 번 같은 실수를 범하는 교역자에 대해 그렇게 화를 내면서 심하다 싶을 정도로 분노했던 것은 창피를 주려는 것이 아니라 담임목사의 불같은 지적을 마음에 담고 자극을 받아 다시는 이런 실수를 반복하지 않길 바라기 때문이었다. 내가 아직도 그들에게 화를 내고 잔소리를 한다는 것 자체가 그들을 포기하지 않고 있다는 이야기 아닌가? 그런데 그 교역자가 그것을 정확하게 표현해준 것이다.

호세아서 1장을 묵상하는데, 자꾸 그날 있었던 그 교역자의 한 마디가 되뇌어졌다.

"우리를 포기하지 않으셔서서 감사합니다."

호세아서 1장을 묵상하는데 왜 그 생각이 났던 것일까? 호세아서 1장에서 진노하시는 하나님의 마음이 딱 그랬기 때문 아닐까.

이런 관점으로 호세아서를 읽다 보니 분노하시는 하나님의 본심이 발견되는 구절이 하나 눈에 띄었다. 3장 1절이다. 이 말씀을 현대인의성경으로 보자.

> 여호와께서 나에게 말씀하셨다. "너는 다시 가서 간음한 네 아내를 사랑
> 하라. 이스라엘 백성이 다른 신을 섬기고 우상에게 제물로 드리는 건포
> 도 빵을 즐겨도 나 여호와가 여전히 그들을 사랑하는 것처럼 너도 네 아
> 내를 사랑하라." 호 3:1, 현대인의성경

사춘기 자녀를 길러본 부모들이라면 하나님의 이 심정을 조금은 이해할 수 있을 것이다. 호적에서 파버리겠다고, 어디서 이런 놈이 나왔냐고 소리를 지르지만 그건 어머니의 본심이 아니다. 그렇게 퍼붓는 그 분노의 무게만큼 아이를 향한 뜨거운 사랑을 갖고 있다는 것을 우리가 다 알고 있지 않은가? 1장에서 쏟아지는 하나님의 분노를 우리는 이런 관점에서 받아야 한다는 것이다. 이런 관점으로 분노하시는 하나님에 대해 몇 가지로 정리해서 살펴보자.

하나님의 분노에 담긴 메시지

첫째, 분노하시는 하나님의 모습은 우리를 포기하지 않으신다는 다른 표현이다.

교회와 목회자에게 실망해 교회를 떠나겠다고 한 그 청년처럼, 마음에서 아예 떠나보내면 상대방이 어떤 실망스러운 일을 해도 화가 안 난다. 마음이 떠났기 때문이다. 내가 이혼상담을 하면서 깨달은 게 이것이다. 처음에 와서는 배우자에 대해서 붉으락푸르락 눈물을 흘리며 분노를 쏟아놓는다. 그럴 때 배우자를 편들어주면 큰일 난다. 그저 들어주는 것밖에 할 수 있는 것이 없다. 그런데 그렇게 몇 날 며칠 분노를 쏟아놓던 사람이 갑자기 달라진다.

"이젠 화도 안 나요. 생각해보면 그 인간도 불쌍한 인간이에요. 다 정리했습니다."

이때가 진짜 무서운 때이다. 이혼을 결심하면 이런 반응이 나온다. 화를 내지 않는다. 더 이상 거기에 마음을 담지 않기 때문이다.

계속 강조하지만, 본문에서 하나님이 분노하시는 것은 포기하지 않고 있다는 하나님의 메시지이다. 이것을 간과한 채로 본문을 잘못 읽으면 하나님이 꼭 횡설수설하시는 것처럼 오해할 수 있다. 하나님은 분명히 이렇게 말씀하셨다.

너희는 내 백성이 아니요 나는 너희 하나님이 되지 아니할 것임이니라

호 1:9

이렇게 무서운 선언을 하셨는데, 그 다음 10절에서 반전이 일어난다.

> 그러나 이스라엘 자손의 수가 바닷가의 모래같이 되어서 헤아릴 수도 없고 셀 수도 없을 것이며 전에 그들에게 이르기를 너희는 내 백성이 아니라 한 그 곳에서 그들에게 이르기를 너희는 살아 계신 하나님의 아들들이라 할 것이라 호 1:10

하나님의 본심이 여기에 있는 것이다. 호세아서 2장 13-15절도 마찬가지이다.

> 그가 귀고리와 패물로 장식하고 그가 사랑하는 자를 따라가서 나를 잊어버리고 향을 살라 바알들을 섬긴 시일대로 내가 그에게 벌을 주리라 여호와의 말씀이니라 호 2:13

여기선 분노가 뚝뚝 묻어나는데 바로 그 다음 절에서는 반전의 말씀이 나온다.

> 그러므로 보라 내가 그를 타일러 거친 들로 데리고 가서 말로 위로하고 거기서 비로소 그의 포도원을 그에게 주고 아골 골짜기로 소망의 문을 삼아주리니 호 2:14,15

이렇게 왔다 갔다 하시는 것 같은 하나님의 말씀 안에 무엇이 담겨 있는가? 하나님은 분노하셔서 던지시는 말씀 뒤에 꼭 '이것이 내 본심은 아니야. 나는 너희들이 돌이켜 정말 잘되기를 바란단다'라는 말씀을 덧붙여주시는 것이다.

이런 하나님의 본심을 이해하면서 호세아서를 읽으니, 하나님의 분노하심이 너무 은혜가 된다.

'아, 아직도 우리를 포기하지 않으시는 거구나.'

하나님의 본심을 보자

우리 중에도 옆길로 조금 샜다가 잘못된 삶을 살아서 하나님의 징계 중에 있는 분들이 있을 것이다. 이렇게 치이고, 저렇게 매를 맞는 아픈 과정을 거치는 분들도 있을 것이다. 그런 분들을 위해 기도할 때마다 내 마음도 많이 아프다. 하지만 분노하시는 하나님의 본심을 보기에 하나님의 은혜를 더욱 기대하게 된다.

옛날 우리 어른들이 종종 불렀던 찬송가 하나가 계속 머리에 맴돌았다.

어서 돌아오오 어서 돌아만 오오
지은 죄가 아무리 무겁고 크기로
주 어찌 못 담당하고 못 받으시리요
우리 주의 넓은 가슴은 하늘보다 넓고 넓어

회개하고 돌아오기를 촉구하는 찬양인데, 특히 3절 가사가 내 마음을 저미게 한다.

어서 돌아오오 어서 돌아만 오오
채찍 맞아 아파도 주님의 손으로
때리시고 어루만져 위로해주시는
우리 주의 넓은 품으로 어서 돌아오오 어서
_어서 돌아오오, 새찬송가 527장

지금 하나님 앞에서 분노의 징계를 받고 있는 사람이 있는가? 많이 힘들 것이다. 그러나 성령께서 그런 우리를 긍휼히 여기심으로 매 맞고 아픈 것만 보는 것이 아니라 채찍 맞아 아파도 손으로 때리시고 어루만져 위로해주시는 주님의 위로의 손길까지 볼 수 있는 영안을 열어주시기를 바란다.

하나님은 우리를 버리셨기에 징계하시는 것이 아니다.

징계는 다 받는 것이거늘 너희에게 없으면 사생자요 친아들이 아니니라

히 12:8

신학적으로 가장 무서운 징계는 징계하지 않는 징계다. 그렇기 때문에 이것 때문에 아프고 저것 때문에 상하여 눈물의 골짜기를

걸어간다 할지라도, 우리가 겪고 있는 하나님의 분노와 징계가 우리를 포기하지 않으시는 그분의 또 다른 사랑의 표현임을 깨달아야 한다. 그리하여 징계 속에서도 하나님의 사랑과 위로를 경험할 수 있게 되기를 바란다.

타협하지 않는 사랑

둘째, 하나님의 분노하심은 타협하지 않는 사랑을 보여주신다.

하나님의 사랑은 적당히 타협하고 적당히 덮어주는 사랑이 아니다. 종종 포기하지 않으시는 하나님의 사랑을 악용하는 사람이 있다. 악용까지는 아니더라도 오해하는 사람이 많다.

'하나님께서 결국 용서해주실 테니 조금 내 멋대로 살아도 괜찮지 않을까?'

이것은 하나님의 사랑의 속성을 몰라도 너무 몰라서 하는 말이다. 하나님은 타락한 이스라엘 백성에 대하여 분노하시는 분이다. 타협하지 않으신다. 불의를 감싸 안고 사랑하지 않으신다. 그 문제를 해결하지 않고는 넘어가지 않는 분이시다.

그렇기 때문에 우리는 우리 자신을 돌아보고 진단해야 한다. 지금 내가 영적으로 무디어져서 미처 알아채지 못하고 있지만 사실은 하나님의 엄청난 진노를 자아내는 상태는 아닐까 두려운 마음으로 점검해야 한다.

한국 교회가 왜 이렇게 되었는가? 목회자들이 왜 이런 수치의 자리에 빠졌는가? 이것을 점검하지 않아서 이렇게 된 것 아닌가? 그나마 사람에게 들키기 전에 하나님을 두려워하며 회개의 자리로 나아갔다면 이런 수치까지는 피할 수 있었을 것이다.

우리 교회는 예배가 시작되고 15분이 지나면 문을 닫는다. 더 이상 들어오지 못한다. 지각이 너무 많기 때문에 내린 교육지책이다. 훈련을 위해 한시적으로 시행하는 것이다. 그럼에도 그런 처사 때문에 상처받고 마음 아파하는 성도가 있다는 이야기를 들을 때면 내 마음도 아프고 어렵다. 다만, 그런 교육지책 속에 담긴 의도를 이해해주길 바라는 마음뿐이다.

그런데 최근에 인터넷으로 설교를 들으신다는 다른 교회 성도 분이 장문의 항의 메일을 보내오셨다. 그 분의 메일에 이런 내용이 있었다.

> 하나님은 우리 아버지이십니다. 아버지께서 환갑잔치에 아들이 10분 늦었다고 문을 닫으라 하실까요? 아버지께서 환갑잔치에 아들이 30분 늦었다고 문을 닫으라 하실까요? 환갑잔치에 아들이 50분 늦어도, 아니 잔치가 다 끝나고 와도 안아주시면서 '무슨 일 있었니? 차가 많이 막혔지?' 하시는 인자한 아버지가 아니시던가요?

무슨 말을 하고 싶은지 딱 감이 잡히지 않는가? 그런 내용의 항의 글을 보내오셨는데, 그 메일의 마무리는 이렇게 되어 있었다.

> 사랑하는 목사님, 저는 분당우리교회가 집안에 피치 못할 일
> 이 있어서 30분 늦는 사람도, 날씨가 너무 더워서 반바지를
> 입은 사람도, 전날 피치 못할 사정으로 잠을 못 자서 꾸벅꾸
> 벅 조는 사람도, 원형 탈모가 있어서 모자를 쓰고 있는 성도
> 도 모두가 하나님의 사랑과 하나님의 따뜻한 품 안에서 기쁨
> 을 누리는 그런 교회가 되었으면 합니다.

이 글을 보니 이분이 바라는 것과 내가 바라는 것이 똑같았다.
하나도 다르지 않다. 이분이 예를 들어 설명한 내용들이 다 양해가
되는 이야기 아닌가? 집안에 피치 못할 일이 있어서 30분 늦었는데,
그래도 헐레벌떡 예배드려야겠다고 달려오시는 분에 대해 누가 뭐
라고 지적하겠는가? 혹은 전날 피치 못할 사정으로 잠을 못 자서
예배 시간에 꾸벅꾸벅 졸고 있는 것을 누가 나무라겠는가?

이와 마찬가지로, 이런 저런 사정이 있어서 지각하는 분에 대해서
뭐라고 하는 것이 아니다. 이런 사정이 없는데도 교회에는 조금 늦
게 가도 된다고 오해하는 사람들 때문이다. 그런 오해 가운데서 무
성의하게 예배를 드리게 될까봐 두렵기 때문이다. 피치 못할 사정
이 있어서 예배 때 깜빡 졸 수는 있다. 하지만 그것이 습관이 되어서
상습적으로 조는 일이 있어서는 안 되기 때문이다.

'하나님은 사랑의 하나님이니까 다 용납해주실 거야. 다 괜찮을 거야.'

이렇게 생각하면 안 된다. 하나님은 잘못된 것을 얼렁뚱땅 넘어가는 분이 아니시다.

> 나는 인애를 원하고 제사를 원하지 아니하며 번제보다 하나님을 아는 것
> 을 원하노라 호 6:6

나는 이것이 우리가 믿는 하나님과 다른 여타 신들, 특히 당시 이스라엘 백성이 마음을 빼앗겼던 바알 신과의 결정적인 차이라고 생각한다. 바알 종교의 특징은, 종교 행위 안에 마음이 담기든 안 담기든 중요하지 않다는 것이다. 바알 종교는 행위가 중요하다. 하지만 여호와 하나님은 행위도 중요하지만, 어떤 마음으로 그것을 하느냐를 더 중요하게 보신다. 얼렁뚱땅 대충대충 건성으로 행위만 그럴듯하게 흉내 내는 것을 원하지 않으신다. 왜냐하면 하나님은 인격을 가지신 분이기에 진심으로 대해주길 바라시기 때문이다.

우리를 인격적으로 대하심

셋째, 우리는 분노하시는 하나님의 모습을 통해 사람을 인격적으로 대해주시는 하나님을 발견할 수 있다.

한 가지 재미있는 것은 성경에 나오는 하나님의 분노가 거의 대

부분 '질투'라는 코드와 연결된다는 점이다. 본문에서도 마찬가지이다.

> 여호와께서 이르시되 그 날에 네가 나를 내 남편이라 일컫고 다시는 내
> 바알이라 일컫지 아니하리라 내가 바알들의 이름을 그의 입에서 제거하
> 여 다시는 그의 이름을 기억하여 부르는 일이 없게 하리라 호 2:16,17

지금 하나님의 분노가 바알을 향한 질투심에 바탕을 두고 있다는 것을 느낄 수 있지 않은가? 출애굽기에서는 아예 대놓고 말씀하신다. 거기엔 하나님이 십계명을 주시면서 왜 십계명을 주시는지 설명하는 대목이 나온다.

> 그것들에게 절하지 말며 그것들을 섬기지 말라 나 네 하나님 여호와는
> 질투하는 하나님인즉 출 20:5

나는 이 구절이 너무너무 고맙다. 하나님 앞에서 버러지 같은 존재, 아무것도 아닌 존재에 불과한 우리가 뭐라고 하나님이 우리에게 질투를 느끼신다는 것인가? 이런 표현은 '신인동형론'神人同形論이라고 해서, 인간의 감정에 빗대어서 하나님이 말씀하시는 것을 말한다.

집에서 강아지를 키운 지 한 일 년쯤 됐는데, 강아지를 키우면서

은혜를 받을 때가 많다. 우리 집 강아지를 가만히 보니 식구가 둘이든 셋이든 1인자, 2인자, 3인자 서열을 매겨서 딱 한 명만 자기 주군으로 삼는다. 1인자가 있을 때는 당연히 1인자가 자기 주군이다. 그러다 1인자가 사라지면 2인자를 주군으로 모신다.

불행하게도 우리 집 강아지가 1인자로 삼은 사람은 우리 아내다. 강아지도 눈치가 얼마나 빠른지 가정의 실권자가 누군지 금세 파악했다. 하루 종일 아내 뒤만 졸졸 따라다닌다. 그리고 언제든 아내의 말은 입의 혀처럼 잘 듣는다. 2인자인 나는 사람 취급을 안 한다. 심지어 어떤 때는 내가 강아지의 이름을 부르며 "이리 와봐" 하는데도 오기는커녕 들은 체도 안 한다. 사람이 부르면 쳐다는 봐야 할 것 아닌가? 그런데 아무리 불러도 눈길 한번 안 준다. 이런 걸 전문 용어로 '개 무시'라고 한다나. 내가 완전히 개한테 개 무시를 당하고 있는 것이다.

어떻게 해서든 그 녀석의 환심을 사보려고 한 가지 룰을 정했다. 강아지의 밥만큼은 내가 주는 것이다. 그렇지 않아도 아내가 1순위인데 밥까지 주면 되겠느냐고 항변하여 강아지의 밥은 항상 내가 준다.

"자, 봐봐. 누가 밥을 주는지 잘 봐. 내가 주는 거야. 다른 사람이 주는 거 아니고 내가 주는 거야!"

이런 반 협박의 말을 건네며 밥을 주기도 하고, 어떨 때는 눈높이를 맞추느라 납작 엎드려서 강아지에게 갖은 애교를 다 떨 때도 있다. 누가 개고 누가 사람인지 모르겠다. 그러다가 한번씩 이런 의문이 들기도 한다.

'내가 지금 제정신인가? 내가 지금 개 앞에서 뭐하는 짓이지?'

사실 하나님이 우리 같은 피조물에게 "나는 질투하는 하나님이다. 그래서 부탁하는데, 바알 신에게 네 마음을 빼앗기지 않았으면 좋겠다"라고 말씀하시는 것 자체가 어불성설이다. 내가 우리 집 강아지에게 온갖 애교를 다 떠는 것이 어불성설인 것처럼 말이다. 그러나 내가 그러고 있다. 그런 내 모습을 보면서 하나님을 많이 묵상하게 됐다.

하나님과 우리와의 격차가 나와 우리 집 강아지 정도의 격차가 되겠는가? 그와는 비교할 수 없을 정도로 창조주이신 하나님과 피조물인 우리의 격차는 어마어마하다. 그런데 그 하나님께서 내게 질투를 느끼신다. 그 하나님이 그것 때문에 나에게 분노하신다. 나는 여기에 말로 다할 수 없는 은혜를 받는다. 하나님이 그만큼 우리를 인격적으로 대하신다는 증거이기 때문이다.

이제 분노하시는 하나님을 기억하면서, 우리가 정말 회복해야 할 두 가지 균형을 정리해보려고 한다.

분노하시는 하나님을 인식하라

우리가 회복해야 할 첫 번째 균형은, 삶 속에서 분노하시는 하나님을 인식하며 사는 것이다.

얼마 전에 읽은 책 중에 《반응하지 않는 연습》이란 책이 있다. 사실 이 책을 구입하게 된 것은 우발적이었다. 우연히 인터넷에서 이 책을 광고하는 문구를 보았는데, 그 문구가 내 마음을 확 사로잡았다. 그 글귀는 바로 이것이다.

"반응하지 않는 것이 최고의 승리입니다. 승리란, 상대방에게 이기는 것이 아닙니다. 상대방에게 반응해서 마음을 빼앗기지 않는 것입니다."

우리의 마음이 가는 곳에서 상처가 일어난다. 그러니 내 마음이 머물지 않으면 상처도 없다. 예전의 경험이다. 자동차를 새로 뽑고 열흘도 안 되었을 때였다. 새 차를 몰고 어느 교회에 방문하게 되었는데, 그 교회를 관리하시는 분이 얼마나 친절한지 대신 주차해주시겠다는 것이다. 사실 주차장에 빈자리가 많아서 내가 주차해도 되는데 부득불 자신이 도와주겠다며 내리라고 하기에 그 분께 자동차 열쇠를 맡기고 실내로 들어갔다.

서너 시간 쯤 지나 일을 마치고 집에 가려고 주차장에 와보니, 자동차의 범퍼에 보기 흉하게 자국이 나 있었다. 주차하시다가 어디를 들이받은 모양이다. 괜찮다고 그렇게 사양했는데 기어이 자동차 열쇠를 달라고 하시더니 그런 일이 일어났다.

그런데 신기한 것은 이제 갓 뽑은 새 차이기 때문에 마음이 많이 아파야 정상인데 아무렇지도 않았다. 전혀 상처가 안 되었다. 그래서 아직도 자국 난 그 부분을 고치지 않고 타고 다닌다. 그걸 보

는 사람마다 "아니, 어쩌다가 새 차를 이렇게 들이박았습니까?" 하
며 안타까워했는데, 난 전혀 아무렇지도 않았다. 그 분에 대한 원
망도 없었다. 왜 그런지 아는가? 내 마음이 거기에 머물러 있지 않
았기 때문이다. 나는 평소에도 자동차는 고장 없이 잘 달리기만
하면 그만이지 외관은 별로 중요하지 않다는 생각을 가지고 있었
다. 거기에 내 마음이 머물지 않으니 차가 찌그러지든 말든 괜찮았
던 것이다.

이 책에서 주장하는 것이 바로 이것이다. 우리는 왜 그렇게 상처
를 많이 받는가? 마음이 거기에 머물기 때문에, 그래서 그에 반응하
기 때문에 상처받는다는 것이다.

이 책을 읽으며 새삼 깨닫게 된 것이 있다. 오늘날 우리가 저지르
는 치명적인 잘못이 있는데, 바로 하나님에 대해서는 무감각하고
반응 안 해도 되는 세상일에는 온통 마음을 빼앗겨 잠도 못 이룬다
는 것이다. 뒤바뀌어야 한다. 우리는 하나님의 분노하심에 영적으
로 민감하게 반응해야 한다. 하지만 세상일에는 누가 차를 들이받
든 말든 좀 무감각해져서 반응하지 않는 것이 필요하다.

돌이켜 회개하라

두 번째로 우리가 기억해야 할 균형은, 그렇게 하나님의 분노를
의식했다면 돌이켜 회개해야 한다는 것이다.

호세아서 1장에서 그렇게 분노하시는 하나님의 의도는 무엇일

까? 하나님의 본심을 2장 2절에서 발견할 수 있다.

> 너희 어머니와 논쟁하고 논쟁하라 그는 내 아내가 아니요 나는 그의 남
> 편이 아니라 그가 그의 얼굴에서 음란을 제하게 하고 그 유방 사이에서
> 음행을 제하게 하라 호 2:2

상징적으로 하시는 말씀이 아니다. 하나님의 분노하심의 목표는
딱 하나이다.

"그의 얼굴에서 음란을 제하게 하고 그 유방 사이에서 음행을 제
하게 하라."

우리가 하나님의 분노하심을 인식하기 시작했다면 돌이켜야 한
다. 수치의 자리에 빠지기 전에 돌이키면, 용서하시는 하나님께서
원래의 자리로 회복시켜주신다. 하나님께서는 우리에게 십자가라
는 도구를 주셨다. 그 십자가 앞으로 부끄럽지만 날마다 벌거벗은
몸으로 나아가야 한다.

벨트 앙스트라는 분이 이렇게 말했다.

"사람들의 마음에 하나님을 두려워하는 것이 죽어버렸다. 그러나
새로운 두려움이 그 자리를 차지했다. 바로 모든 것을 두려워하는
공포이다."

오늘날 현대인들이 하나님을 두려워하지 않고부터 모든 것이 다
공포인 삶을 살아가고 있다. 그래서 나는 기도한다. 우리 성도들이

하나님만 두려워하고 나머지 모든 공포로부터 자유하는 인생을 살아가게 되기를 말이다.

우리는 우리 자신을 점검해야 한다. 우리는 분노하시는 하나님을 의식하고 있는가? 그저 눈에 보이는 사람들만 의식하고 살진 않는가? 눈에 보이는 사람에게 들키는 것만 수치이고, 들키지 않는 죄는 괜찮다고 여기지는 않는가? 사람에게 들통나기 전에 스스로 돌이켜야 한다. 그러려면 어떻게 해야 하는가? 지금 내 모습이 하나님의 엄청난 분노를 자아내고 있다는 것을 인식할 수 있어야 한다.

그런가 하면 또 한 가지, 그렇게 우리가 하나님의 분노하심을 인식하고 회개하고 돌이키면 하나님은 용서해주시고 용납해주시는 분이란 것을 알아야 한다. 주님은 때리신 그 손으로 마음 아파하시며 어루만져주시고 위로해주신다.

우리도 많이 겪어보지 않았는가? 하나님께 매도 맞고 채찍에 맞아 찢겨 아프고 마음이 상한 중에도 그 아픔만 있는 것은 아니란 것을 알고 있지 않은가? 억장이 무너지고 말로 다 할 수 없는 절망이 엄습해올 때, 그때 주님의 손으로 어루만져주시는 위로를 경험해보지 않았는가? 그 위로의 손길이 있었기에 지금 우리가 여기까지 올 수 있었던 것 아닌가? 사연은 다르고 사정은 다 다르지만 이 원리는 똑같다.

우리는 회개의 자리로 나아가야 한다. 마치 내가 담배를 직접 피우지 않았더라도 담배 연기가 자욱한 실내에 들어갔다 오면 온몸에 담배 냄새가 배어나는 것처럼, 죄악이 가득한 이 시대를 사는 우리 크리스천들 몸에 영적인 담배 연기가 배어 있다. 적극적인 죄악의 자리에 빠지지는 않았다 하더라도 자신도 모르는 사이에 세속화의 물결에 노출되어 많이 변질되어가고 있음을 자각해야 한다. 나는 나 자신에게서도 그런 부끄러운 변질을 종종 발견한다. 그래서 하나님의 긍휼을 구하는 기도를 드린다. 나를 불쌍히 여겨달라고.

너무나 혼탁한 이 세상을 살아가다 보니 주의 자녀들이, 목사가, 장로가, 권사가 자신도 모르게 하나님보다 바알을 더 의지하는 태도를 보일 때가 많음을 고백해야 한다. 그 고백과 함께 회개의 자리로 나아가야 한다. 그럴 때 긍휼히 여겨주시는 하나님의 위로와 회복을 경험할 수 있다. 우리 모두 그 은혜를 누리게 되기를 바란다.

순종

하나님께 돌아가는 길
순종과 회개

호 1:2-9 여호와께서 처음 호세아에게 말씀하실 때 여호와께서 호세아에게 이르시되 너는 가서 음란한 여자를 맞이하여 음란한 자식들을 낳으라 … 여호와께서 호세아에게 이르시되 그의 이름을 이스르엘이라 하라 조금 후에 내가 이스르엘의 피를 예후의 집에 갚으며 이스라엘 족속의 나라를 폐할 것임이니라 … 고멜이 또 임신하여 딸을 낳으매 여호와께서 호세아에게 이르시되 그의 이름을 로루하마라 하라 내가 다시는 이스라엘 족속을 긍휼히 여겨서 용서하지 않을 것임이니라 … 고멜이 로루하마를 젖뗀 후에 또 임신하여 아들을 낳으매 여호와께서 이르시되 그의 이름을 로암미라 하라 너희는 내 백성이 아니요 나는 너희 하나님이 되지 아니할 것임이니라

CHAPTER 04

이상한 요구,
바보 같은 순종

성경을 읽다 보면 공감이 되고 머리가 끄덕여지는 부분도 있지만 때로는 인간의 상식선에서는 도저히 수용하기 어려운 난감한 말씀을 맞닥뜨릴 때도 많다. 그 대표적인 말씀 중에 하나가 호세아서의 본문 말씀이다.

본문은 인간의 상식으로는 수용하기 어려운 말씀으로 가득 차 있다. 하나님께서 호세아 선지자에게 무슨 요구를 하시는가?

> 여호와께서 처음 호세아에게 말씀하실 때 여호와께서 호세아에게 이르시되 너는 가서 음란한 여자를 맞이하여 음란한 자식들을 낳으라 호 1:2

여기 나오는 '음란한 여자'라는 표현은 매춘부 혹은 창녀로 해석할 수 있는 심각한 단어이다. 어떻게 하나님께서 주의 종 선지자에게 매춘부 같은 여자랑 결혼하라고 하실 수 있다는 말인가? 설령 선지자가 음란한 여자한테 홀딱 빠져서 결혼하겠다고 해도 말려야 하는 것 아닌가? 만약에 어느 교회 사모님의 과거가 들통 났는데, 그 분이 매춘부 출신이었다는 소문이 난다면 그 목사님이 목회를 제대로 할 수 있겠는가?

실제로 사모님 때문에 교회에서 쫓겨났다는 목사님들의 사례를 여러 번 들었다. 심지어 내가 아는 어떤 후배 목사는 사모님 때문에 목회를 아예 그만두기도 했다. 우리 시대의 정서에 비추어 봐도 용납하기 어려운데, 호세아 선지자 시대의 상황은 이 정도가 아니었다. 구약이 어떤 시대인가? 율법을 통해 음행을 저지르다가 들키면 돌로 쳐 죽이라고 정해두었다. 그런 사회적인 분위기와 시대를 배경으로 하고 있는데, 어떻게 선지자에게 매춘부 같은 여자랑 결혼을 하라고 할 수 있단 말인가?

더 이상한 요구

이것도 이해가 안 되는데, 더 이해가 안 되는 것이 있다. 호세아 선지자가 이 이상한 말씀에 순종해서 고멜이라는 음란한 여자와 결혼을 했다. 그리고 자식을 셋이나 낳았다. 그런데 하나님이 더 이상한 요구를 하신다. 아이들의 이름을 이상하게 지으라는 것이다.

첫아이는 아들이었다. 하나님이 그에게 어떤 이름을 주셨는가?

이에 그가 가서 디블라임의 딸 고멜을 맞이하였더니 고멜이 임신하여 아
들을 낳으매 여호와께서 호세아에게 이르시되 그의 이름을 이스르엘이
라 하라 호 1:3,4

이스르엘은 사마리아와 갈릴리 사이에 있는 지역을 가리키는 지
명이다. 그런데 하나님은 왜 이런 지명으로 아들 이름을 지으라고
하셨는가? 4절 하반절에서 힌트를 얻을 수 있다.

조금 후에 내가 이스르엘의 피를 예후의 집에 갚으며 이스라엘 족속의
나라를 폐할 것임이니라 호 1:4

여기에서 보면, 하나님이 '이스르엘'이라는 지명과 '예후'라는 인
물을 결부시키는 것을 볼 수 있다. 예후는 어떤 사람인가? 예후는
쿠데타를 일으켜서 당시 권력자였던 아합 왕과 오므리 왕가 사람
들을 심판하여 학살했던 인물이다. 그 대량 학살이 일어났던 곳이
바로 이스르엘이다.

주석가 제임스 림버그James Limburg는 이런 설명을 했다.

"자녀의 이름을 이스르엘이라 칭한다는 것은 오늘날 자녀의 이름
을 아우슈비츠나 히로시마라고 짓는 것과 마찬가지일 것이다."

얼마나 난감한 요구인가? 둘째를 낳았더니 딸이었다. 그런데 또
이런 요구를 하신다.

고멜이 또 임신하여 딸을 낳으매 여호와께서 호세아에게 이르시되 그의

이름을 로루하마라 하라 호 1:6

히브리어로 '루하마'는 참 좋은 이름이다. '루하마'는 '긍휼', '자
비'라는 뜻을 가지고 있는데, 여기에 부정을 나타내는 접두사 '로'를
붙여서 '로루하마'라고 이름을 지으라고 하시는 것이다. 이것을 직
역하면 '긍휼을 받지 못한 사람'이라는 뜻이 된다. 어느 누가 딸을
낳아서 이런 이름을 붙여주고 싶겠는가?

막내는 또 아들이었는데, 하나님께서 이 아이의 이름을 '로암미'
라고 지으라고 하신다.

여호와께서 이르시되 그의 이름을 로암미라 하라 호 1:9

'암미'는 히브리어로 '백성'이라는 뜻을 갖고 있는데, 역시 여기에
도 부정을 나타내는 접두사 '로'를 붙여서 '로암미'라고 하는 것은
'백성이 아님'이란 뜻을 갖게 된다. 아이들의 이름을 셋 다 너무 해괴
망측하게 지으라고 하나님이 요구하신 것이다.

이 세 자녀의 이름의 의미에 대해선 다음 장에서 자세히 다루기로
하고, 여기서는 하나님이 왜 이런 이상한 요구를 하시는지에 초점
을 맞추고 살펴보자.

왜 그러셨을까?

사실 호세아서를 묵상하면서 하나님께서 왜 이런 이상한 요구를 하시는지에 대한 답을 찾는 데 시간을 많이 보냈다. 이런 이상한 요구를 하시는 하나님이라니, 우리가 평소에 알고 있는 하나님의 모습은 아니지 않은가? 그리고 설교자인 내가 납득이 되어야 설교를 하지, 나부터도 납득이 안 되는데 어떻게 그 내용으로 성도들에게 설교를 할 수 있겠는가?

그래서 여기에는 분명히 하나님의 뜻이 있으리라 믿고 책도 여러 권 구입해서 보고, 주석도 뒤져 보고, 신학교 교수님들의 강의도 들어보면서 답을 찾으려고 애를 썼다. 학설이 분분했다. 많은 학자들이 그렇게 분분하게 설명하고 있다는 것은, 이것이 그만큼 난해한 구절이란 뜻이다. 그 내용들을 정리해보니, 몇 가지 설로 정리가 되었다.

첫 번째로 상징설이 있다. 상징설은 음녀와 결혼한 호세아의 이야기는 실제가 아니고 환상이나 계시라는 것이다. 이게 머리로는 끄덕여지지만, 문제가 있다. 호세아서를 읽어보면 누가 봐도 호세아 선지자의 실제 결혼생활을 담고 있는 것이지 환상이나 계시가 아님을 알게 된다. 그리고 선지서를 읽어보면 하나님이 환상이나 계시로 말씀하실 때는 반드시 거기에 '환상을 보매', '계시가 임하매'와 같은 말씀들을 주시는데, 호세아서를 통틀어서 그런 말씀은 한 군데도 없다.

두 번째로 영적 음녀설이 있다. 영적 음녀설은 고멜이 진짜 매춘부가 아니고 우상 숭배자였는데, 그것을 이렇게 표현했다는 것이다. 이것도 머리로는 *끄덕여지지만*, 동의가 잘 안 된다. 호세아서 3장에 보면 고멜이 실제로 가출을 해서 외간 남자와 음란한 짓을 하는 내용이 나오기 때문이다.

세 번째로 결혼 후 음녀설이 있다. 이것은 어떤 주장이냐 하면, 고멜이 신혼 초부터 음란한 여자가 아니었는데 세월이 가면서 그렇게 음란한 여자가 되었다는 것이다. 결혼하고 시간이 지나면서 아내가 이상해지고 외간 남자와 바람까지 피우며 가출을 일삼으니 남편인 호세아가 너무 괴로워서 가정의 문제로 고통스러워하다가 거기서 하나님의 뜻을 발견했다는 것이다.

이렇게 설명하니 이것도 정말 그럴 듯하고 머리가 *끄덕여진다*. 하지만 이 주장에도 성경적인 근거는 없다. 호세아서 1장 2절에 보면 하나님이 '너는 가서 장차 음란할 여자를 맞으라'라고 하신 것이 아니라, '너는 가서 현재 음란한 여자를 맞으라'라고 하셨기 때문에 이런 설명을 수용하기 어려운 것이다.

토 달지 말고 받아들여라

학자들도 머리로 이해가 안 되면 움직이지 않는 우리의 속성을 너무나 잘 알기 때문에 어떻게 해서든지 우리를 이해시키려고 애를 많이 쓰는 것 같다. 하지만 아무리 살펴봐도 막상 '그래, 이거야' 하면서 내게 와 닿는 것은 하나도 없었다.

오랜 시간을 여기에 할애하다가 합동신학대학원에서 가르치시는 김진수 교수님의 강의를 듣게 되었는데, 그 분이 강의 중에 구약학자 가렛 교수님의 주장을 소개하셨다. 가렛 교수님의 주장을 한 마디로 요약하면 이것이다.

"이런저런 토 달지 말고, 인위적으로 설명하려 하지 말고 성경에 있는 그대로 받아들여라. 호세아는 실제로 음란한 여자 고멜과 결혼하라는 이상한 명령에 바보같이 순종한 인물이다."

그리고 부연하여 설명하기를, 하나님께서 호세아에게 주신 이해할 수 없는 명령은 아무에게나 주시는 명령이 아니고 선지자와 같이 특별한 종들에게 요구하시는 특별한 명령이라는 것이다. 그러면서 여러 사례를 들어 설명하는데, 가렛 교수의 주장을 들으면서 무릎을 탁 쳤다.

'이거다!'

그러면서 반성이 되었다. 나부터도 내 작은 머리로 이해가 안 되고 납득이 안 되면 받아들이지 않는 태도가 있었음을 자각했기 때문이다. 그러면서 불쑥 떠오르는 인물이 마리아였다. 하나님이 예수님의 육신의 어머니인 마리아에게 요구하신 것은 호세아에게 요구하신 것과 비교도 안 되는 엄중하고 무거운 것이었다. 처녀를 보고 "네 몸을 통해서 예수 그리스도가 태어나게 하겠다"라니. 그 당시 처녀가 임신했다가 들통이 나면 사형이었다.

이런저런 토 달지 말고, 인위적으로
설명하려 하지 말고 성경에 있는 그
대로 받아들여라. 도저히 이해가 안
되고 납득이 안 갈지라도 잔머리 굴
리지 않고 순종하면 성령께서 그런
자에게 주시는 특별한 은혜가 있다.

그런데 놀랍게도 마리아는 이런 수용할 수 없는 하나님의 명령을 눈물로 수용했다. 그것도 한 치의 망설임도 없이 바로 그 자리에서.

> 마리아가 이르되 주의 여종이오니 말씀대로 내게 이루어지이다 하매 천사가 떠나가니라 눅 1:38

마리아에게 아무런 고뇌가 없었던 것이 아니었을 것이다. 그녀 역시 얼마나 많은 생각과 걱정과 두려움을 가졌겠는가?

즉각 순종했던 호세아

그런 관점에서 호세아서를 다시 보니, 호세아가 이 이상한 하나님의 명령에 토 달지 않고 즉각적으로 순종하는 모습이 다가왔다.

> 이에 그가 가서 디블라임의 딸 고멜을 맞이하였더니 호 1:3

여기에 '이에'라는 표현은 무엇을 강조하는 것인가? '망설임 없이' 행했다는 것이다. 이것을 보면서 참 묘한 생각이 들었다. 나는 하나님이 왜 이런 이상한 요구를 하셨나 여기저기 조사하고 다녔는데, 정작 당사자인 호세아는 그런 갈등 없이 그대로 수용하고 있는 것이다.

이 부분을 묵상하면서, 하나님이 어떤 깊은 의도를 가지시고 우리에게 무언가를 명령하실 때, 그것이 도저히 이해가 안 되고 납득이 안 갈지라도 잔머리 굴리지 않고 순종하면 성령께서 그런 자에게 주시는 특별한 은혜가 있다는 것을 깨달았다. 바로 이런 것이 신앙 생활 아니겠는가?

그렇다면 우리는 하나님의 이상한 명령에 즉각 순종했던 호세아의 태도를 통해 어떤 메시지를 얻을 수 있을까?

생각의 한계를 뛰어넘으라

첫째, 내 생각의 한계를 뛰어넘어야 한다.

호세아와 같은 선지자였지만 자신의 생각에 갇혀 하나님의 말씀에 불순종했던 대표적인 인물이 요나이다.

> 너는 일어나 저 큰 성읍 니느웨로 가서 그것을 향하여 외치라 그 악독이
>
> 내 앞에 상달되었음이니라 하시니라 욘 1:2

요나 입장에서는 당시 타락하여 포악했던 니느웨 백성에게 가서 말씀을 전하라는 하나님의 명령이 결코 쉬운 명령은 아니었을 것이다. 그러나 호세아에게 주신 명령과 비교하면 상대적으로 얼마나 순종하기 쉬운 명령인가? 그러나 요나는 불순종한다.

> 그러나 요나가 여호와의 얼굴을 피하려고 일어나 다시스로 도망하려 하

그렇다면 이런 질문을 던질 수 있다. 요나는 왜 하나님의 말씀에 불순종했는가? 이 질문을 가지고 요나서를 읽어보니, 요나가 하나님의 말씀에 대해 토를 많이 다는 모습들이 보였다. 하나님이 무슨 말씀만 하시면 계속 토를 단다. 요나가 왜 불순종의 자리에 빠졌는지 짐작할 수 있는 대목이다. 자기 생각이 많았기 때문이다. 자기 생각이 많다 보니 자기 생각과 하나님의 생각이 일치할 때는 순종이 쉬운데, 자기 생각과 하나님의 생각이 불일치할 때는 순종이 어려운 것이다.

나는 요나 같은 유형의 사람인가? 아니면 호세아 같은 유형의 사람인가?

미국의 라스베이거스에 가면 고급 호텔들이 즐비하다. 우리 생각에는 라스베이거스의 그런 고급 호텔에 투숙하려면 하루에 수십만, 수백만 원의 비용이 들 것이라고 생각하지만, 사실은 라스베이거스의 호텔들은 대부분 전 세계에서 제일 싸다. 나도 깜짝 놀랐다. 별 다섯 개짜리의 어마어마한 호텔들도 어떨 때는 우리나라 돈으로 1,2만 원이면 투숙이 가능하다. 심지어 99센트 정도로 거의 공짜에 가깝게 투숙할 수도 있다고 한다.

왜 그런가 하니, 라스베이거스의 호텔들은 투숙객에게 투숙료를 받아서 운영이 되는 호텔들이 아니다. 그렇게 싸게 해서 세계 곳곳의 사람들을 불러 모아 도박으로 돈을 버는 게 그들의 전략이다. 그렇기 때문에 라스베이거스 호텔에 딱 들어서면 1층 로비부터 슬롯머신이 꽉 차 있다.

이것과 관련해서 재미있는 글을 하나 읽었다. 라스베이거스 도박장에 가면 없는 게 세 가지가 있다고 한다. 첫째 창문이 없고, 둘째 시계가 없고, 셋째 거울이 없다고 한다. 그 글을 쓴 사람은 도박장에서 이것들을 없앤 이유가 도박하는 사람들이 더욱 자기 세계에 몰입하게 하기 위해서라고 했다.

창문을 없앰으로 세상을 보지 못 하게 하는 것이다. 도박에 몰입하다가 '시간이 벌써 이렇게 되었나' 하고 가버릴까 봐 시계를 없앤 것도 마찬가지다. 자기 자신을 보지 못하도록 거울을 없앤 것도 같은 이유이다. 돈 독이 올라 눈에 핏발이 서 있는 자기 모습을 보면 제정신이 돌아올까 봐 거울도 다 없앤 것이다.

영적으로 생각해보면, 이것이 사탄의 전략 아닌가? 우리가 우리 생각에 몰두하고, 그 몰두된 생각에서 헤어 나오지 못하도록 모든 에너지를 집약해서 공격하는 것이 사탄의 공격 원리이다. 가슴 아픈 사실은, 믿음이 좋다는 사람조차도 이 올무에 빠지는 경우가 많다는 것이다. 자기가 경험한 신앙세계 말고는 아무것도 인정하지 않는 태도, 바로 이것 때문에 자칫 잘못하면 믿음 좋다는 사람들이 아주 편협하고 좁은 세계관에 갇히는 부작용이 나타날 수 있는 것이다.

세상에서 가장 무서운 사람은 책을 딱 한 권만 읽은 사람이라고 한다. 모든 세상 이치를 자기가 읽은 책 한 권으로만 해석을 하니, 이런 사람의 고집불통은 책 만 권 읽은 사람이 감당을 못 한다.

이 모든 것이 무엇을 의미하는가? 우리가 지금 내 생각의 한계에 함몰되어 있는 것은 아닌지, 혹시 창문도 없고 시계도 없고 거울도 없는 곳에서 오직 일확천금을 노리며 도박기계만 들여다보고 있는 사람처럼 살고 있는 것은 아닌지 돌아봐야 한다는 것이다.

하나님의 생각은 우리의 생각과 다르다

하나님은 이런 좁은 시야를 가지고 있는 인생들을 향해 이렇게 호소하신다.

> 이는 내 생각이 너희의 생각과 다르며 내 길은 너희의 길과 다름이니라
> 여호와의 말씀이니라 이는 하늘이 땅보다 높음같이 내 길은 너희의 길보
> 다 높으며 내 생각은 너희의 생각보다 높음이니라 사 55:8,9

한번 생각해보라. 팔 자르고, 다리 자르고, 머리 자르고, 몸통 잘라서 하나님을 내 상식 수준에 맞춰 넣을 것 같으면 뭐 하러 하나님을 믿고 예수님을 믿는가? 하나님은 내 머릿속에 쏙 들어오실 만큼 간단한 분이 아니시다. 작은 분이 아니시다. 내 상식과 머리로 이해되는 것만 요구하시는 분이 아니라 그 한계를 뛰어넘으시

는 분이시다.

소설가 마르셀 프루스트Marcel Proust는 이런 말을 했다.

"진정한 발견의 항해는 새로운 땅을 찾는 것이 아니라, 새로운 눈을 갖는 것이다."

너무 멋진 말 아닌가? 신앙세계가 이런 것이다. 하나님은 이미 성경을 통해 우리에게 다 보여주셨다. 그러니 우리가 어떻게 새로운 것을 발견하겠는가? 우리의 눈이 바뀌면 된다.

하나님의 심정에 공감하라

둘째, 우리가 본문을 통해 배워야 할 것은 하나님의 심정에 공감하라는 것이다.

도무지 이해가 안 되는 하나님의 요구를 호세아는 쉽게 순종하며 수용했다. 어떻게 이것이 가능했을까? 이런 질문을 가지고 호세아서를 읽으니 본문에 답이 나와 있었다. 하나님께서는 이상한 요구들 앞에서 "시키는 대로 해!"라고 우격다짐으로 옥박지르시는 게 아니라 우리를 설득하신다.

> 여호와께서 내게 이르시되 이스라엘 자손이 다른 신을 섬기고 건포도 과
> 자를 즐길지라도 여호와가 그들을 사랑하나니 너는 또 가서 타인의 사랑
> 을 받아 음녀가 된 그 여자를 사랑하라 하시기로 호 3:1

지금 하나님이 하고 싶으신 말씀은 뒤에 있다.

"사랑 받을 자격이 없는 그 여자 고멜을 네가 사랑해라!"

이 말씀을 하고 싶으신데, 이것을 설득하는 과정에서 하나님이 주시는 말씀이 이렇다.

"내가 다른 신을 섬기고 건포도 과자를 즐기는 타락한 이스라엘 백성을 '그럼에도 불구하고' 사랑하는 것같이 너도 그 여자를 사랑해라."

하나님은 우리를 어떻게 설득하시는가? 타락한 그 시대 백성들을 향한 아버지 하나님의 심정에 호소하신다. 사람에게는 이것이 얼마나 힘든 일인가 하는 것보다 심정이 동하는 것이 더 중요하다. 심정이 동하면 목숨도 내놓을 수 있는 것이 사람 아닌가?

이사야서 58장 10절에 이런 표현이 있다.

주린 자에게 네 심정이 동하며 괴로워하는 자의 심정을 만족하게 하면

사 58:10

우리 교회에서 운영하고 있는 복지재단이나 이웃사랑부, 혹은 긴급구호뱅크 같은 어려운 이웃을 돕는 부서에 많은 성도 분들이 헌금을 하고 계신다. 그런데 가만히 보면, 부자라서 헌금을 많이 하는 것이 아니다. 자기도 어려운데 자기보다 더 어려운 이웃들에게 써달라고 헌금을 맡기는 분들이 더 많다.

한번은 경제적으로 어려우신 권사님인데 깜짝 놀랄 액수의 헌금을 가지고 오셨다. 그래서 내가 말렸다.

"아니, 권사님도 어려우신 걸 제가 아는데. 하나님이 그 마음을 보셔서 다 아시니까 마음만 드리고 이 헌금은 도로 가지고 가시는 것이 좋겠습니다. 노후도 생각하셔야지요."

목회를 하다 보면 이렇게 말려야 할 상황이 종종 벌어진다. 자기도 어려운데 왜 그렇게 가난한 사람을 위해서 헌금을 할까? 대답은 간단하다. 그 연약한 이웃에 대해 심정이 동했기 때문이다.

하나님의 심정에 동하는 것이 신앙이다. 하나님은 우리가 기계적으로 순종하는 것이 아니라, 그 타락한 시대를 향한 하나님의 심정과 동하기를 원하신다. 그리고 보면, 진짜 하나님의 종은 다른 거창한 자격 요건을 가진 자가 아니라, 하나님의 심정을 이해하는 사람인 것 같다.

호세아서 4장 6절에 나오는 하나님의 탄식을 보라.

내 백성이 지식이 없으므로 망하는도다 호 4:6

여기 나오는 '지식'은 히브리어로 '야다'인데, '앎, 안다'는 뜻이다. '야다'는 기본적으로 부부가 부부관계를 포함하여 서로에 대한 깊은 터치와 친밀감을 통해 알게 된 지식을 뜻한다. 그래서 '야다'에는 '동침하다'라는 뜻도 있다. 즉 "내 백성이 지식이 없으므로 망하는

도다"라고 탄식하시는 하나님의 말씀은, 그 시대를 바라보는 하나님의 심정에 동하지 않는 백성들의 타락에 대해 탄식하는 말씀인 것이다. 하나님은 이렇게 탄식하고 계신다.

"내 백성이 지식이 없어서 망하게 생겼다. 내가 이 타락한 시대를 향해 어떤 탄식의 마음을 가지고 있는지 내 백성들이 모르고 있다. 기계적으로 예배는 드리고 있지만 내 심정은 모른다."

하나님은 하나님의 심정에 공감하는 자를 사랑하신다. 하나님의 심정에 공감하는 사람이 하나님의 은혜를 받는다. 탕자의 비유에서, 큰아들의 결정적인 결함이 바로 이것 아닌가? 그가 무엇을 자랑하는가?

"나는 동생과 다르다. 내가 가출을 했나, 아버지의 돈을 낭비하기를 했나? 뼈 빠지게 아버지가 시키시는 일을 하며 아버지 곁에 있었으니 나는 효자다."

하지만 큰아들이 둘째아들 못지않은 탕자인 이유는 무엇인가? 큰아들은 기계적으로 아버지가 시키시는 일을 했지만 아버지의 심정은 몰랐다. 방탕하다 돌아온 둘째아들에 대한 아버지의 심정을 몰라도 너무 몰랐다. 그래서 큰 아들도 탕자라는 것이다.

신앙은 하나님의 마음에 공감하는 것이다. 오늘날 탕자의 비유에 나오는 큰아들 같은 크리스천이 많이 양산되는 현실이 가슴 아프다. 성령께서 은혜를 주셔서 이 시대를 향한 하나님 아버지의 마음에 공감하는 믿음이 우리 모두에게 부어지기를 간절히 바란다.

이웃에게로 에너지를 흘려보내라

셋째, 하나님의 심정에 공감했다면 그 에너지를 이웃을 공감하는 것으로 흘려보내야 한다. 이것이 호세아를 통해 배워야 할 교훈이다. 3장 1절을 가만히 보라.

> 여호와께서 내게 이르시되 이스라엘 자손이 다른 신을 섬기고 건포도 과
> 자를 즐길지라도 여호와가 그들을 사랑하나니 호 3:1

이 말씀 후에 하나님은 "네가 이것을 알아주길 바란다"라고 말씀하지 않으셨다. 하나님은 바로 이렇게 말씀하셨다.

> 너는 또 가서 타인의 사랑을 받아 음녀가 된 그 여자를 사랑하라 하시기로
> 호 3:1

무슨 뜻인가? "네가 이 아버지의 심정과 통했다면 너도 사랑받을 자격을 상실해버린 고멜을 사랑하는 데 네 에너지를 써라"라는 말씀이다.

구약의 이사야서는 호세아서 못지않게 타락한 백성을 향한 하나님의 분노의 말씀이 쏟아지는 성경이다. 엄청난 격분의 말씀이 쏟아지는데, 이사야서 40장 1절에 보니 하나님이 이런 부탁을 하신다.

너희의 하나님이 이르시되 너희는 위로하라 내 백성을 위로하라 사 40:1

이 구절을 현대인의성경으로 보면 이렇다.

> 너희 하나님이 말씀하신다. '너희는 위로하라. 내 백성을 위로하라. 너희
> 는 예루살렘 사람들을 격려하며 그들에게 고난의 날들이 끝나고 그들의
> 죄가 용서되었다고 말해주어라. 그들은 자기들의 죄에 비해 갑절이나 무
> 거운 형벌을 받았다.'

아이를 기르다보면 자기 형이나 동생이 부모님께 야단맞는 것을
즐거워하는 자녀들의 모습을 종종 보게 된다. 아이가 어릴수록 이
런 모습이 더 두드러진다. 아이가 잘못하면 부모는 때릴 마음이 없
으면서도 엄포를 놓는다.

"둘째야, 회초리 가져와라!"

엄포를 놓느라 한 부모의 그 말에 둘째는 하던 모든 일을 내려놓
고 회초리를 찾으러 다닌다. 신발장 열어보고, 서랍장도 열어보면
서 마음이 분주해진다. 그 사이에 부모의 마음이 변해서 형 안 때린
다고 하면 어쩌나 싶어서. 정 회초리를 찾다가 찾을 수 없으면 부엌
으로 달려가 주걱이라도 가져온다.

하지만 '나는 지금 네 형을 혼내지만 너희들은 형을 그런 눈으로
보면 안 돼' 하는 것이 부모의 마음이다. 그리고 이 부모의 마음이

바로 하나님 아버지의 마음이다.

아이들은 어려서 그렇다지만 이것이 영적인 우리의 모습이 되어서는 안 되지 않겠는가? 하나님은 우리에게 이렇게 당부하고 계신다.

'나는 비록 저들을 나무라고 저들을 징계하지만 너희들은 그러지 마라. 네가 하나님의 심정에 동했다면 그 공감하는 마음으로 연약한 이웃을 위해서 그들을 섬겨라.'

예기치 못한 기쁨

여기서 짚어봐야 할 중요한 포인트 한 가지가 있다. 그렇다면 호세아 선지자는 타락한 시대를 위한 희생물인가? 호세아는 고멜이라는 악한 여자에게 희생된 불쌍한 인생인가? 호세아서를 묵상하면서 이 질문은 내가 해결해야 할 고민거리가 되었다.

'하나님은 한 인생을 파멸시키시면서 또 다른 한 인생을 도우라고 하시는 분인가?'

이 질문을 가지고 호세아서를 읽다가 '그렇지 않다'는 단서가 되는 중요한 구절을 발견했다.

내가 은 열다섯 개와 보리 한 호멜 반으로 나를 위하여 그를 사고 호 3:2

눈이 번쩍 뜨이는 구절이다. 호세아가 1장에서 맨 처음 하나님의 말도 안 되는 명령을 받았을 때는 사실 기계적으로 순종한 것이었다. 그런데 3장에서는 더 어려운 숙제가 주어졌다. 하나님 말씀에 순종하여 매춘부 같은 고멜을 아내로 맞았는데 그 여자가 외간 남자와 바람이 나서 가출해버렸다. 그런데 하나님은 그런 여자를 이제 사랑하라고 명령하신다.

너는 또 가서 타인의 사랑을 받아 음녀가 된 그 여자를 사랑하라 호 3:1

이것은 1장의 명령보다 더 어려운 명령이었는데, 호세아는 이번에도 순종을 한다. 그런데 여기서 주목해야 할 표현이 하나 있다. '나를 위하여'이다.

나를 위하여 그를 사고 호 3:2

이것이 무엇을 의미하는가? 1장에서의 순종은 하나님이 그렇게 명령하시니까 기계적으로 행한 순종이었지만, 3장에서의 순종은 자기 자신을 위해서 행한 순종이었다는 것이다. 이 차이를 알겠는가? 나는 이 대목에서 큰 은혜를 받았다.

도저히 받아들일 수 없을 것 같은 매춘부 같은 여자를 아내로 맞았더니, 호세아에게 '예기치 못한 기쁨'이 찾아온 것이다. 기계적인 순종으로 시작된 가정생활이었지만, 가정생활을 꾸려가다 보니 호세아에게 기대하지 못했던 기쁨이 생겼다. 그 기쁨이 얼마나 컸으면 아내를 찾으러 가는 일이 하나님이 시키셨기에 억지로 하는 절망이나 고통이 아니고 '나를 위하여' 기쁘게 하는 순종이 되었다는 것이다.

이 신비를 알겠는가? 우리의 문제는 무엇인가? 우리의 결혼생활은 왜 그렇게 지지부진한가?

"내 남편이 이만큼의 사랑을 줬으니 나도 이만큼만 사랑해야지!"

"내가 왜 손해를 봐야 해? 그 여자가 해준 게 뭐가 있다고!"

딱 내가 받은 만큼만 사랑하는 게 오늘 우리 가정의 근본적인 문제 아닌가? 이런 계산적인 사랑으로는 호세아가 경험했던 기쁨을 누릴 수 없다. 고멜처럼 사랑받을 자격을 잃은 배우자라 할지라도 하나님의 심정이 부어지는 사랑으로 사랑하게 되면, 그 혜택을 상대방뿐 아니라 자기 자신도 받는 것이다.

기쁘냐? 나도 기쁘다!

예수님의 어머니 마리아도 마찬가지 아닌가? 마리아가 무슨 여전사처럼 보이는가? 너무너무 평범한 시골 처녀일 뿐이다. 그 평범한 마리아가 믿음으로 하나님의 말씀에 순종한 후 불행해졌는가? 오히려 정반대다. 2천년이 지난 지금까지도 수많은 여인들의 흠모를 받는 인물이 되지 않았는가?

이런 맥락에서 빌립보서 2장을 읽다가 놀라운 사실을 깨달았다. 바보 같은 순종과 관련해서 둘째가라면 서러울 인물이 빌립보서를 쓴 사도 바울이다. 바울은 바보 같은 순종을 하다가 감옥에 갇혔는데, 그 감옥에서 이런 글을 썼다.

> 만일 너희 믿음의 제물과 섬김 위에 내가 나를 전제로 드릴지라도 나는 기뻐하고 너희 무리와 함께 기뻐하리니 이와 같이 너희도 기뻐하고 나와 함께 기뻐하라 빌 2:17,18

감옥에서 쓴 것이라고는 믿기 어려울 정도로 기쁨과 환희가 넘쳐나는 글이다. 오죽하면 빌립보서의 별명이 '기쁨의 서신, 환희의 서신'이라고 붙여졌을까? 이처럼 순종하는 자에게 주시는 특별한 은혜, 특별한 기쁨이 있다.

여기서 나는 한 가지 신비로운 모습을 발견한다. 요나 선지자처럼 자기 행복을 위하여 불순종의 자리로 간 사람은 풍랑을 만나서 자기도 죽을 고생을 하고 주변 사람도 다 고생시킨다. 여기에 반해, 호세아 선지자나 사도 바울처럼 이성을 뛰어넘는 하나님의 말씀에 순종하면 그 혜택을 누리게 된 주변 사람뿐 아니라 순종한 자기 자신도 기쁨과 행복을 누린다.

이 신비를 아는가? 이 모순 같은 법칙을 한 번이라도 경험해보았는가? 이것을 맛보고 경험하는 것이 신앙생활인 줄 믿는다. 지금이라도 불순종했던 요나가 걸어갔던 길에서 벗어나 순종하여 기쁨을 맛보았던 호세아의 길로 나아가길 바란다.

예수님의 바보 같은 순종, 십자가

이런 '바보 같은 순종'이 가장 잘 구현된 상징물이 십자가다. 성부 하나님께서 하신 말도 안 되는 요구에 맹목적으로 순종하신 분이 예수 그리스도이시다. 오죽했으면 고린도전서 1장 18절에 이렇게 기록되어 있겠는가?

> 십자가의 도가 멸망하는 자들에게는 미련한 것이요 구원을 받는 우리에게는 하나님의 능력이라 고전 1:18

그런 십자가를 묵상하며 쓴 윤동주 시인의 〈십자가〉라는 시를 읽다가 마음이 뭉클해지는 것을 경험했다.

쫓아오던 햇빛인데
지금 교회당 꼭대기
십자가에 걸리었습니다.

첨탑이 저리도 높은데
어떻게 올라갈 수 있을까요.

종소리도 들려오지 않는데
휘파람이나 불며 서성거리다가,

괴로웠던 사나이,
행복한 예수 그리스도에게처럼
십자가가 허락된다면

모가지를 드리우고
꽃처럼 피어나는 피를
어두워가는 하늘 밑에
조용히 흘리겠습니다.

윤동주 시인의 이 표현이 맞다. 괴롭다. 고멜 같은 여자, 정 안 가는 여자를 사랑하는 것은 괴로운 일이다. 쉬운 일이 아니다. 그러나 말씀에 순종하기 위해 몸부림치는 자에게 주시는 하나님의 은혜가 무엇인가?

"괴로웠던 사나이, 행복한 예수 그리스도에게처럼."

고통만 있는 것이 아니라는 것이다. 오늘 우리가 추구해야 하는 삶이 바보 같은 순종의 삶을 사신 예수 그리스도의 그 길이 아닌가? 괴롭지만 행복한 그 길, 우리 모두가 십자가의 그 원리를 맛보면서 신앙생활 하게 되기를 바란다. 이 잣대로 아내를, 남편을, 자녀들을, 부모님을, 이웃들을, 교회를, 이 땅과 이 나라를 바라보게 되기를 바란다.

호 1:3-9 고멜이 임신하여 아들을 낳으매 여호와께서 호세아에게 이르시되 그의 이름을 이스르엘이라 하라 조금 후에 내가 이스르엘의 피를 예후의 집에 갚으며 이스라엘 족속의 나라를 폐할 것임이니라 그 날에 내가 이스르엘 골짜기에서 이스라엘의 활을 꺾으리라 하시니라 … 고멜이 로루하마를 젖뗀 후에 또 임신하여 아들을 낳으매 여호와께서 이르시되 그의 이름을 로암미라 하라 너희는 내 백성이 아니요 나는 너희 하나님이 되지 아니할 것임이니라

CHAPTER 05

회개가
반전의 열쇠다

앞 장에서 잠깐 살펴본 것처럼, 호세아 선지자의 세 자녀 이름의 뜻은 각각 이렇다. 큰아들 이름인 '이스르엘'은 예후에 의해 대량 학살이 일어났던 지역의 이름이고, 둘째 딸의 이름인 '로루하마'는 '긍휼을 받지 못하는 사람', 막내아들의 이름인 '로암미'는 '내 백성이 아니다'라는 뜻이다.

그렇다면 하나님은 왜 호세아의 자녀들에게 이처럼 이상한 이름을 주셨을까? 세 이름에 담긴 의미는 타락했던 당시 이스라엘 백성과 관련이 있다. 이들의 이름을 통해 하나님이 이스라엘에게 주셨던 경고의 메시지를 들어보자.

이스르엘, 예후 왕조에 대한 심판

> 여호와께서 호세아에게 이르시되 그의 이름을 이스르엘이라 하라 조금
> 후에 내가 이스르엘의 피를 예후의 집에 갚으며 이스라엘 족속의 나라를
> 폐할 것임이니라 호 1:4

하나님이 예후의 집을 망하게 하시겠다고 말씀하신다. 이 구절의
해석은 좀 난해하다. 예후가 폐한 아합 왕은 악한 왕들 중에서도
가장 악한 왕으로 꼽을 만한 인물이었다 왕상 16:30 참조.

그러니 예후가 악한 왕 아합을 폐한 것은 잘한 일이 아닌가? 그
런데 하나님은 왜 예후의 집을 심판하겠다고 말씀하셨을까? 그것
은 예후와 그 후대인 예후 왕조가 가진 두 가지 문제점 때문이었다.

타락의 길을 답습한 예후 왕조

첫째로, 권력을 잡은 예후 왕조는 자기들이 폐한 오므리 왕조와
똑같은 타락의 길을 걸었다.

> 주님께서 예후에게 말씀하셨다. "너는, 내가 보기에 일을 바르게 잘 하
> 여, 내 마음에 들도록 아합의 가문을 잘 처리하였으니, 네 사 대 자손까
> 지는 이스라엘의 왕위를 지키게 될 것이다." 왕하 10:30, 새번역

예후에 대한 하나님의 심판은 그가 아합 왕을 폐한 것 때문이 아니다. 하나님은 예후가 아합 왕을 폐한 일을 인정해주셨다. 그런데 이어지는 31절을 보면, '그러나'라는 접속사가 등장한다.

> 그러나 예후는, 주 이스라엘의 하나님의 율법을 지키는 일에 마음을 다
> 기울이지는 못하였고, 이스라엘로 죄를 짓게 한 여로보암의 죄로부터 돌
> 아서지는 못하였다. 왕하 10:31, 새번역

어떤 상황인지 알겠는가? 예후가 아합 왕을 처단하던 초기에는 바알 신당을 전멸시키고 그들이 저질렀던 일, 즉 하나님이 보시기에 부끄러웠던 일들을 전멸시키는 개혁을 단행했다. 그런데 시간이 지나자 예후 왕조가 자기들이 폐한 아합 일가와 똑같은 길을 답습하고 있었다. 이것이 예후 왕조의 치명적인 문제점이었다.

'욕하면서 닮는다'라는 말이 있다. 신학교에 처음 들어가면 피 끓는 심정으로 기성세대의 문제를 비판하고 비난하며, 한국 교회의 개혁을 꿈꾼다. 그러다 한 20년, 30년이 지나고 나면 그들이 그렇게 비판했던 기성 목사님들보다 더한 길로 가는 모습을 보이는 이들을 종종 보게 된다.

사실 나는 젊은 신학생들이나 청년들에게 늘 미안한 마음을 가지고 있다. 그래서 신학교나 청년부 집회에서 말씀을 전해달라는 요청을 받으면 망설여진다. 가서 말씀 전할 자신이 없기 때문이다. 한

국 교회를 이렇게 어렵게 만들어 젊은이들의 앞길을 험난하게 만든 기성세대의 한 사람으로서 그들 앞에 서는 것이 부끄럽다. 그래서 간혹 신학교에 가서 말씀을 전하게 될 때면 이렇게 말하곤 한다.

"우리 기성세대를 마음껏 비판해라. 그것은 젊은이의 특권이다. 이찬수 목사가 그 기성세대 중 한 사람이니까, 나를 마음껏 비판해라. 정말 미안한 마음으로 용서를 구한다."

그러고는 거기에 한 마디를 덧붙인다.

"그런데 한 가지 꼭 기억해야 할 것이 있다. 기성세대를 마음껏 비판하되, 여러분의 시대를 준비하면서 비판하길 바란다. 여러분의 시대를 준비하지 않고 기성세대에 대한 비판만 한다면 2, 30년이 흘러 여러분의 다음세대에게 더 비참하게 비난받는 날이 올 것이다. 이것을 두려워해야 한다."

이것이 오늘 이 시대를 살아가는 젊은이들에게 꼭 들려주고 싶은 충고이다. 우리 기성세대의 잘못에 대해 청년들에게 진심으로 미안하고 또 용서를 구한다. 하지만 뿐만 아니라 청년들이 우리의 길을 답습하지 않기를 바란다.

그렇기에 나는 마음을 다해 기도한다. 우리의 다음세대들은 나와 같은 기성세대가 저지른 잘못들을 청산하고 개혁하는 세대가 되기를. 그리고 그런 일이 가능하도록 나는 또 기도한다. 우리 기성세대가 저질러놓은 부끄럽고 가슴 아픈 수많은 잘못들을 우리의 다음세대인 청년들이 답습하지 않기를.

오므리 왕조의 잘못에 대한 개혁을 단행하며 멋지게 출발했던 예후 왕조가 시간이 지나면서 그들과 똑같은 부끄러운 자리에 빠졌다. 이것이 예후 왕조가 하나님 앞에서 심판을 받은 이유이다. 이런 사실이 우리에게 얼마나 무서운 교훈을 주는지 모른다.

온전한 개혁을 이루지 못한 예후 왕조

그렇다면 예후 왕조는 왜 오므리 왕조와 똑같은 타락의 길을 걷게 되었을까? 그것은 개혁의 첫 출발이 온전하지 못했기 때문이다. 이것이 예후 왕조가 가졌던 두 번째 문제점이었다.

> 예후가 이와 같이 이스라엘 중에서 바알을 멸하였으나 이스라엘에게 범죄하게 한 느밧의 아들 여로보암의 죄 곧 벧엘과 단에 있는 금송아지를 섬기는 죄에서는 떠나지 아니하였더라 왕하 10:28,29

예후는 바알은 멸했지만, 금송아지를 섬기는 죄는 청산하지 않았다. 여기 나오는 예후의 모습을 보니 야고보서 2장의 말씀이 떠올랐다.

> 누구든지 온 율법을 지키다가 그 하나를 범하면 모두 범한 자가 되나니 간음하지 말라 하신 이가 또한 살인하지 말라 하셨은즉 네가 비록 간음하지 아니하여도 살인하면 율법을 범한 자가 되느니라 약 2:10,11

우리는 이 말씀을 두려운 마음으로 받아야 한다. 예후 왕조는 바알을 멸한 개혁을 자랑하며 자부심을 가졌을 것이다. 하지만 이것은 멸하면서 저것을 내버려둔 개혁이란 온전하지 못한 개혁이다. 하나님의 관점으로 보면 실패를 예고하는 개혁일 뿐이었다.

'나는 간음하는 죄를 짓지 않았다'며 간음한 사람들을 엄청나게 비난하고 손가락질하면서 자신은 또 다른 죄의 자리에 머물러 있다면, 하나님의 관점에서는 그 사람이나 이 사람이나 똑같다.

예전에 대형 교회 목사들을 위시하여 여러 목사님들의 타락 소식이 정신을 차릴 수 없을 정도로 줄줄이 터지던 시기가 있었다. 그때는 신문을 펼치기가 무서울 정도였다. 그렇게 목회자의 성적 타락, 교회 재정 문제, 공금 횡령과 같은 일들이 연일 터질 때, 나도 그 목회자들을 많이 비난했다. 어떻게 목사가 저런 짓을 하느냐고 욕도 많이 했다. 그런데 어느 순간부터는 더 이상 욕을 할 수가 없었다. 하나님께 받은 경고 때문이었다.

'그 다음은 네 차례야.'

얼마나 무서운 경고인가. 비록 그들과 같은 죄는 짓지 않았다 할지라도, 나도 인식하지 못하는 다른 영역에서 죄의 불씨를 키우고 있지는 않은지 점검해보라는 하나님의 경고였다고 생각한다. 그 다음은 내 차례가 될지도 모르는데, 다른 누군가를 비난할 엄두가 나겠는가?

손가락만한 구멍이 견고해 보이는 둑을 무너뜨리고, 작은 불씨 하나가 큰 불을 일으킨다. 젊은이들을 비롯하여 기성세대에 이르기까지, 우리 모두 내 안에 나도 인식하지 못하는 죄의 작은 불씨가 없는지 점검할 수 있기를 바란다.

로루하마, 회개하고 돌이키라

> 고멜이 또 임신하여 딸을 낳으매 여호와께서 호세아에게 이르시되 그의 이름을 로루하마라 하라 내가 다시는 이스라엘 족속을 긍휼히 여겨서 용서하지 않을 것임이니라 호 1:6

이 말씀을 통해 우리가 점검해야 할 것은 무엇인가? 하나님은 사랑이시지만, 그 사랑은 불의에 대해 적당히 타협하고 적당히 넘어가는 차원의 사랑이 아니다. 그렇기 때문에 죄의 문제를 해결하지 않고는 절대 앞으로 나갈 수가 없다. 죄 문제가 해결됨으로부터 영적인 부흥이 시작되고, 죄 문제가 해결됨으로부터 내 안의 두려움의 문제가 해결되기 시작하고, 죄 문제가 해결됨으로부터 모든 문제의 열쇠가 주어진다. 그렇기 때문에 회개가 정말 중요하다.

고든 맥도날드 목사님은 세계적으로 존경을 받는 분이다. 목사님이 쓰신《내면 세계의 질서와 영적 성장》은 꼭 읽어야 한다고 여러 사람에게 권할 정도로 내 인생의 베스트 도서에 꼽힌다.

그런데 고든 맥도날드 목사님에게도 인생의 큰 위기가 있었다.

그에 대해 모 방송에서 언급한 내용을 들어보자.

《내면 세계의 질서와 영적 성장》 등 다수의 베스트셀러로 유명한 고든 맥도날드 목사. 고든 맥도날드 목사는 30여 년 전, 당시 자신이 담임으로 있던 미국 그레이스채플 예배 시간에 자신이 간음죄를 저질렀다고 고백한 뒤 곧바로 물러났습니다. 빌 하이벨스 목사 등 고든 맥도날드를 아끼는 목회자들이 모임을 만들어 그와 그의 가족의 치료를 도왔고, 결국 그는 교회에 돌아왔습니다. 3년. 죄의 고백부터 치료, 공적인 회개까지 걸린 시간입니다. 고든 맥도날드 목사의 사례는 비록 외국이긴 하지만 시사하는 바가 적지 않습니다.

나는 이 기사를 읽으면서 부러웠다. 비록 그는 부끄러운 죄악의 자리에 빠졌지만 그 사실을 정직하게 고백하며 회개하는 시간을 가졌다. 내가 왜 이 사례를 부러워하는가? 지금까지 한국 교회에 이런 사례가 단 한 번도 없었기 때문이다.

성적인 범죄를 저질렀든 금전적인 범죄를 저질렀든, 이런 문제에 노출된 목회자가 그 문제를 스스로 고백함으로 부끄러운 자기 수치를 드러내고 도움을 청하며 3년이라는 긴 시간 동안 회개하는 모습을 보여준 사례를 찾아볼 수가 없다. 사람들에게 들키기 전에 먼저 자발적으로 자기 잘못을 고백하고 용서를 구하는 일이 일어나지 않는 현실이 가슴 아프다.

하나님은 자신의 죄를 회개하는 자를 기뻐하신다. 다윗이 그 좋은 사례 아닌가? 하나님은 우리가 어떤 죄도 짓지 않도록 하시는, 결벽증에 빠진 분이 아니시다. 그분은 우리의 약점과 연약함을 용납해주신다.

그렇기에 우리가 죄를 짓지 않으려고 애쓰는 것도 중요하지만, 모든 초점이 거기에만 머물러서는 안 된다. 안간힘을 쓰다가 약해서 넘어지고 쓰러질 때마다, 고든 맥도날드 목사님처럼 부끄럽지만 하나님과 사람 앞에 그 문제를 정직하게 고백하고 도움을 구하며, 치료하고, 회개하는 과정이 일어나야 한다. 그리고 성도들도 그것을 용납하고 수용할 수 있는 분위기가 되어야 한다.

내가 참 좋아하고 존경하는 목사님이 있다. 이분은 가끔씩 만나서 교제할 때마다 깜짝 놀랄 만한 고백을 하곤 한다. 한번은 이 목사님과 대화를 나누는데, 자신이 성적 충동에 약함을 가지고 있다고 고백하는 게 아닌가. 여성을 보면 성적으로 흔들릴 때가 있다는 것이다. 그러면서 하는 말이, 아내에게 그 문제를 솔직하게 고백하고 도움을 구했다는 것이다. 아내에게 자신의 문제를 고백하며 도움을 청했고, 이후로 그 문제를 놓고 함께 기도한다는 것이다.

그 이야기를 들은 내 마음이 어땠겠는가? 그런 약함을 가진 목사님이 실망스러운 것이 아니라 이전보다 더욱 존경스러웠다. 스스로의 약점에 대해 이렇게까지 솔직한 목사님을 닮고 싶다. 하나님과 사람 앞에서 정직하려고 애쓰는 이런 모습을 부러워해야 한다.

하나님은 호세아의 둘째 딸에게 '로루하마', '내가 다시는 긍휼히 여겨 용서하지 않겠다'라는 이름을 주셨다. 이것을 글자 그대로 읽으면 안 된다.

잘못을 범한 자식을 향해 "호적에서 이름을 파버릴 거야!"라고 노하는 부모의 진짜 마음은 '나는 너를 절대로 호적에서 파내지 않을 거야'라는 것이다. 하나님의 이 심정을 우리가 읽을 수 있다면 좋겠다. 그래서 '긍휼을 받지 못한 사람'이라는 뜻을 가진 '로루하마'가 하나님의 긍휼을 얻는 복을 누리는 자리로 회복되길 바란다.

이것이 가능하기 위해서는 '내가 오늘부터 죽을 때까지 죄 안 지을 거야'라고 결단하는 것이 아니라, 고든 맥도날드 목사님처럼 어떤 부끄러운 자리에 빠졌을지라도 그 문제를 하나님 앞에 고백하고, 다시는 그런 자리에 빠지지 않도록 도움을 구하며 나아올 수 있어야 한다. 부끄럽기 짝이 없는 일일지라도 겸손히 고백하며 도움을 구할 수 있는 모습이 우리 안에 일어나게 되기를 바란다.

로암미, 더 이상 네 편이 아니다

> 여호와께서 이르시되 그의 이름을 로암미라 하라 너희는 내 백성이 아니
> 요 나는 너희 하나님이 되지 아니할 것임이니라 호 1:9

구약학을 가르치시는 김희보 교수님이 쓴 책에 보면 "나는 너희 하나님이 되지 아니할 것임이니라"라는 말씀을 '나는 네 편이 되지 않을 것이다. 나는 너를 위해 있지 않다'라고 해석할 수 있다는 내용이 있다. 이분의 글에서처럼 지금 하나님은 호세아의 셋째 아들에게 '로암미'라는 이름을 주시면서 '나는 너희 하나님이 되지 않을 것이다. 나는 이제 더 이상 네 편이 아니다. 나는 이제 너를 위해 존재하는 하나님이 아니다'라는 말씀을 선포하신다.

이런 생각을 하고 있는데, 불쑥 시편의 한 구절이 떠올랐다.

> 여호와는 내 편이시라 내가 두려워하지 아니하리니 사람이 내게 어찌할
> 까 시 118:6

지금까지 한국 교회는 "여호와는 내 편이시라"는 말씀을 놓고, 여호와가 내 편이시기에 부자가 될 거라고, 여호와가 내 편이시기에 병에 안 걸릴 거라고, 여호와가 내 편이시기에 취직이 잘 될 것이라고 해석했다.

하지만 하나님이 편들어주시는 인생의 특징이 부자 되고 좋은 곳에 취직하는 것은 아니다. 하나님이 편들어주시는 인생의 가장 강력한 특징은 두려움이 없다는 것이다.

'그러나'의 은혜를 붙들라

우리는 두려움에 싸여 산다. 눈만 뜨면 두렵고, 자려고 누워도 두렵고, 길을 걸어도 두렵고, 취직을 생각해도 두렵고, 목회하면서도 두렵다. 왜 이렇게 두려워하는가? 얼마 전 시편 3편 말씀을 묵상하면서 큰 은혜를 받았다. 바로 이 질문에 대한 답을 찾았기 때문이다.

> 여호와여 나의 대적이 어찌 그리 많은지요 일어나 나를 치는 자가 많으
>
> 니이다 많은 사람이 나를 대적하여 말하기를 그는 하나님께 구원을 받지
>
> 못한다 하나이다 시 3:1,2

시편 3편에는 이런 제목이 달려 있다.

"다윗이 그의 아들 압살롬을 피할 때에 지은 시."

지금 다윗이 처한 상황이 어떤지 파악이 되지 않는가? 권력에 눈이 먼 아들이 아버지를 향해 쿠데타를 일으켰다. 아버지 목에 칼을 들이댄 것이다. 아버지는 그 아들에게서 목숨을 건지기 위해 왕궁을 떠나 도망가고 있다. 이런 절망적인 상황에 놓여 있는 다윗을 주변에서 조롱하고 비난하기까지 한다. 얼마나 비참한 상황인가?

그런데 이 시의 거의 결론이라고 할 수 있는 6절 말씀을 보자.

> 천만인이 나를 에워싸 진 친다 하여도 나는 두려워하지 아니하리이다
>
> 시 3:6

이 시는 분명 "여호와여 나의 대적이 어찌 그리 많은지요"라고 하면서 두렵고 비참하게 시작되었는데 어느 틈엔가 회복하고 6절 같은 고백을 하게 되었다. 다윗의 이 모습이 너무 인상적이고 감동이 되었다.

이 시의 구조를 자세히 살펴보자. 6절의 결론이 있기까지 1절부터 5절은 전반부와 후반부로 나뉜다. 1,2절이 전반부이고 3-5절이 후반부, 그리고 6절이 그 결론인 셈이다. 전반부인 1,2절은 절망적인 현실에 맞닥뜨린 다윗의 본능과 그 두려움을 그대로 피력하고 있다. 그러나 후반부에서는 완전히 다른 모습이 기술된다.

> 여호와여 주는 나의 방패시요 나의 영광이시요 나의 머리를 드시는 자이시니이다 내가 나의 목소리로 여호와께 부르짖으니 그의 성산에서 응답하시는도다 내가 누워 자고 깨었으니 여호와께서 나를 붙드심이로다
>
> 시 3:3-5

한글 성경에는 빠져 있지만 원어에는 마주한 현실에 대한 자기 본능을 피력한 전반부와 그 현실에 하나님을 개입시킨 후반부 사이 '그러나'라는 접속사가 있다. '그러나'라는 접속사를 통해 전혀 다른 분위기의 전반부와 후반부가 이어지고 있는 것이다. 이 접속사를 넣어 시편 3편을 다시 한 번 읽어보자.

여호와여 나의 대적이 어찌 그리 많은지요 일어나 나를 치는 자가 많으니이다 많은 사람이 나를 대적하여 말하기를 그는 하나님께 구원을 받지 못한다 하나이다 '그러나' 여호와여 주는 나의 방패시요 나의 영광이시요 나의 머리를 드시는 자이시니이다 내가 나의 목소리로 여호와께 부르짖으니 그의 성산에서 응답하시는도다 내가 누워 자고 깨었으니 여호와께서 나를 붙드심이로다 시 3:1-5

그 절망적인 상황 속에서도 다윗은 뭐라고 말하는가?

"내가 누워 자고 깨었으니."

불면증이 없다는 말이다. 나는 이 구절에서 소중한 메시지를 발견한다. 인생에는 딱 두 종류밖에 없다는 것이다.

하나는 인생에서 불안하고 두려운 일이 있을 때 3절로 넘어가는 사다리를 갖지 못한 인생이다. 이들은 1,2절에 갇혀 살아간다. 매일 죽을 것 같고, 두렵고, 절망적이다. 또 하나는 1,2절과 같은 절망적인 상황을 만났을 때 3-5절로 연결되는 '그러나'라는 사다리를 가진 인생이다. 그런 인생은 '그러나'라는 사다리를 통해 3-5절로 건너가 하나님의 함께하심, 하나님의 도우심, 내 편이신 하나님의 일하심을 목도한다. 이런 인생이 도달하는 결론이 6절이다.

천만인이 나를 에워싸 진 친다 하여도 나는 두려워하지 아니하리이다

시 3:6

'로암미'라는 이름이 가진 절망이 무엇인가?

'나는 너희 하나님이 되지 않을 것이다. 나는 더 이상 네 편이 되지 않을 것이다. 나는 너를 위해 있지 않을 것이다.'

이 절망적인 하나님의 말씀, 로암미가 '그러나'라는 사다리를 건너 '암미'로 바뀌는 은혜가 우리에게 주어지길 바란다. 하나님이 내 편이신 인생, 절망 가운데 있을 때 시편 3편 3-5절로 인도되는 인생이 되기를 바란다. 그러기 위해서 우리에게 필요한 것이 회개이다. 성령님이 이끄시는 회개의 자리로 나아가야 한다. 예수 그리스도께서 허락하신 십자가의 자리로 나아가야 한다.

'그러나'는 우리 힘으로 얻을 수 있는 것이 아니다. 예수님이 허락하신 십자가가 두려움이 우글거리는 1,2절에서 탈출할 수 있는 사다리가 된다. 우리 모두 그 십자가의 복음을 의지하여 두려움이 가득한 인생에서 벗어나 하나님이 내 편 되시는 인생, 두려움이 모두 사라진 인생을 살게 되기를 바란다. '그러나'의 사다리를 얻는 인생이 되기를 간절히 바란다.

호 1:10-2:1 그러나 이스라엘 자손의 수가 바닷가의 모래같이 되어서 헤아릴 수도 없고 셀 수도 없을 것이며 전에 그들에게 이르기를 너희는 내 백성이 아니라 한 그곳에서 그들에게 이르기를 너희는 살아 계신 하나님의 아들들이라 할 것이라 이에 유다 자손과 이스라엘 자손이 함께 모여 한 우두머리를 세우고 그 땅에서부터 올라오리니 이스르엘의 날이 클 것임이로다 너희 형제에게는 암미라 하고 너희 자매에게는 루하마라 하라

CHAPTER 06

이름을 바꾸어주시는 은혜

이스르엘, 로암미, 로루하마라는 이름으로 살아야 했던 호세아의 세 자녀는 어떤 마음이었을까? 그들의 심정으로 호세아서 1장을 묵상하다 보니 마음이 아팠다. 엄마는 눈만 뜨면 가출하고 온 집안은 불우한데, 이런 저주스런 이름까지 가졌으니 그 심정이 오죽했겠는가. 이것이 그들에게 얼마나 큰 상처가 되었을까?

오래전에 나왔던 《선지자들이 불렀던 올챙이의 노래》라는 제목의 책에서 이 부분을 다룬 것을 읽은 적이 있다. 그 책에 호세아의 둘째 딸 로루하마의 시각으로 본문을 묘사하는 대목이 나온다.

나는 불행한 가정에서 태어나 불행한 생애를 보냈다. 나는

운명적으로 저주받은 여인이다. 나의 의사와는 관계없이 세
상에 태어나 저주스러운 이름으로 불리움을 받았다.

둘째 딸의 심정이 충분히 공감되지 않는가? 다시 이 글을 읽으면
서 오래전에 경험했던 일 하나가 떠올랐다. 청소년 사역을 할 때였
는데, 한번은 해외 선교사 자녀들을 초청해서 여는 수련회에서 말씀
을 전해달라는 부탁을 받고 그 집회에 저녁 강사로 참여하게 되었
다. 거의 20년 가까이 지난 일이지만, 나는 아직도 그 수련회 첫날
저녁의 충격을 잊지 못한다.

내가 그 수련회를 인도하겠다고 수락했을 때는 기대가 있었다.
세계 곳곳에서 사역하고 계신 선교사님의 자녀들이 모인다고 하니
일반 중고등부 수련회와는 다를 것이라고 생각했던 것이다. 떠들
고 시끄러운 아이들을 집중시키는 데 에너지를 쓰지 않아도 되겠다
고 여기며 갔는데, 들어가면서부터 낌새가 좀 이상했다.

지금이야 염색하는 아이들이 많지만, 그때만 해도 노랑머리는 가
출 청소년의 상징이었다. 그런데 노랑머리가 몇 명이나 눈에 띄고
아이들의 행동거지가 심상치 않았다. 집회가 시작된 이후에 받은
충격은 더 컸다. 물론 반듯한 자세로 말씀에 집중하는 아이들도 많
았지만, 아예 눈을 못 맞추는 아이들도 여럿이고 산만하기 짝이 없
는 아이들도 여기저기서 눈에 띄었다.

왜 아이들이 이런 모습이 되었을까 생각하니 마음이 아팠다. 사

실 선교사의 자녀로 태어나면 많은 경우 부모를 따라 열악한 환경의 선교지에서 자라나게 된다. 그러다 보니 제대로 된 교육을 받을 수 없는 환경에 방치된 선교사님의 자녀들이 많은 것이다. 뒤돌아 생각해보니, 그날 뜨겁게 기도하고 반듯하게 말씀에 집중하는 아이들도 귀했지만, 집중하지 못하고 산만했던 아이들이 자꾸 마음에 걸렸다.

호세아 선지자의 세 자녀가 이와 비슷한 상황이라고 할 수 있지 않을까? 호세아 선지자를 아버지로 만났기 때문에 자신을 저주스러운 인생이라고 고백할 수밖에 없었던 세 자녀의 상황이, 선교사 아버지를 두었다는 이유 때문에 제대로 된 교육조차 받지 못하는 희생을 겪어야 했던 그때 그 선교사의 자녀들과 비슷한 상황이지 않을까?

그 책을 읽다 보니 우리 딸아이가 한창 사춘기 시절을 보내던 시기의 모습도 떠올랐다. 어느 주일날, 무슨 일 때문이었는지는 기억나지 않지만, 교회에 다녀온 아이가 "내가 왜 목사님 딸로 태어났는지 모르겠다"며 대성통곡했다. 아마 목사 딸로 살아가는 것이 참 힘들었나 보다.

대 반전을 경험하다

그렇지만 감사하게도, 호세아의 세 자녀들이 태어날 때부터 죽을 때까지 자신이 저주받은 인생이라고 비관하며 산 것은 아니다. 분명히 비관으로 시작한 인생이었는데, 그 인생에 대 반전이 일어났다.

> 이에 유다 자손과 이스라엘 자손이 함께 모여 한 우두머리를 세우고 그
> 땅에서부터 올라오리니 이스라엘의 날이 클 것임이로다 호 1:11

호세아서 1장 1-9절과 11절 사이에는 반전이 될 만한 사건이 보이지 않는다. 그래서 어떤 학자들은 심지어 이 본문이 짜깁기 된 것이라고 해석할 정도다. 아무것도 한 게 없는데 대 반전이 일어났기 때문이다.

어떤 반전인가? 원래 '이스르엘'이라는 이름에는 두 가지 뜻이 있다. 하나는 '하나님께서 흩으신다'라는 것이고, 다른 하나는 '하나님께서 씨 뿌리신다'라는 의미이다. 그런데 바로 앞에서 '하나님께서 흩으신다'라는 의미를 가진 저주의 이름 이스르엘이 '하나님께서 씨 뿌리신다'라는 희망의 이름으로 변화된 것이다. '내 모든 저주는 끝났다'라고 선포할 수 있는 기쁨의 이스르엘로 바뀐 것이다.

'하나님께서 씨 뿌리신다'라는 의미의 이스르엘이 등장하는 다른 구절을 살펴보자.

> 땅은 곡식과 포도주와 기름에 응답하고 또 이것들은 이스르엘에 응답하
> 리라 내가 나를 위하여 그를 이 땅에 심고 긍휼히 여김을 받지 못하였던
> 자를 긍휼히 여기며 내 백성 아니었던 자에게 향하여 이르기를 너는 내

백성이라 하리니 그들은 이르기를 주는 내 하나님이시라 하리라 하시

니라 호 2:22,23

이 구절은 새로운 이스르엘의 이름뿐만 아니라 호세아서 2장 1절에 언급된 다른 두 자녀의 새로운 이름도 설명해준다.

너희 형제에게는 암미라 하고 너희 자매에게는 루하마라 하라 호 2:1

두 자녀의 이름에서 부정을 나타내는 접두사 '로'가 사라져버렸다. 앞에서 인용한 《선지자들이 불렀던 올챙이의 노래》라는 책에 보면, 이 구절에 대한 로루하마의 심정도 묘사되어 있다. 앞에서 인용했던 것과는 완전히 다른 분위기이다.

> 아버지는 하나님의 허락이라 하시며 우리에게서 '아니다'라는
> 뜻의 '로' 자를 떼어주시고 나를 '루하마'사랑을 받는다, 내 동
> 생은 '암미'내 자식, 내 백성라고 불러주셨다. 그리고 오빠의
> 이름 '이스르엘'은 '하나님께서 씨 뿌리신다'라는 뜻을 가지고
> 있어서 좋은 의미라고 말씀하셨다. 하나님이 씨 뿌리신 것처
> 럼 열매를 많이 맺어서 이스라엘 백성들이 창대해지고 그들이
> 모두 하나님께 사랑받는 백성이 될 것이라고 하셨다.

물론 저자가 상상력을 동원하여 쓴 글이지만, 마음에 와 닿는 이야기 아닌가? 자기 이름에서 부정을 나타내는 접두사 '로'가 빠진 것을 보며, '나도 이제 긍휼히 여김을 받게 되었다. 이제 나도 사랑받는 존재가 되었다'라고 감격하는 둘째 딸의 모습이 머릿속에 그려지지 않는가?

"내가 어쩌다 목사님의 딸로 태어났나"라고 통곡하던 우리 딸아이도 더 이상 그렇게 통곡하지 않는다. 오히려 얼마나 자부심을 가지는지 모른다. 이제는 자기 아버지가 목사라는 것에 대해 일말의 갈등도 없어졌다고 고백한다.

변화된 호세아의 둘째 딸에 대해 정리하면서 우리 교회의 한 청년이 떠올랐다. 피지에서 선교사로 사역하시는 분의 자녀인데, 최근에 이 청년을 만나고 마음이 정말 기뻤다. 부모님은 피지에 계시고 이 청년과 동생만 한국에서 살고 있는데, 얼마나 밝고 예의가 바른지 모른다. 믿음과 꿈을 가지고 달려가는 그 청년의 밝은 얼굴 표정이 떠오르면서, 바로 이런 모습이 부정을 나타내는 접두사 '로'가 사라져버린 모습이 아닐까 생각했다.

죄악 중에 태어난 인생

호세아의 세 자녀와 믿는 자들에게서 발견할 수 있는 공통점이 있다. 첫 번째 공통점은, 처음에는 이스르엘, 로루하마, 로암미로 태어났다는 것이다. 무슨 말인가? 사실 호세아의 세 자녀 이야기는 다른 사람의 이야기가 아니다. 바로 우리의 이야기다. 오죽했으면 다윗이 죄성에 물든 자신을 이렇게 표현했을까?

> 내가 죄악 중에서 출생하였음이여 어머니가 죄 중에서 나를 잉태하였나
> 이다 시 51:5

여기에 예외가 있을까? "나는 아니야, 나는 날 때부터 의인으로 태어났어"라고 선포할 수 있는 사람이 누가 있을까? 우리는 너나없이 죄로 말미암아 태어날 때부터 사랑받을 수 없는 사람들이었다.

청소년 사역을 할 때 보니, 아무런 개념 없던 초등학교 시절을 지나고 나면 '나는 누구인가'에 대한 자의식이 싹트는 시기를 맞는다. 이때 제일 먼저 찾아오는 것이 열등감이다. 청소년 사역 10년 동안 내가 했던 주 사역은 이런 열등감에 빠진 아이들을 만져주는 일이었다.

아무것도 모르던 어린 시절에는 다들 자기가 왕자요 공주인 줄 알고 산다. 그렇게 자기가 세상의 주인공인 줄 알고 살다가 그것이 착각이라는 것을 깨달으면서부터 진짜 인생이 시작된다.

'나는 불행해. 우리 가정은 불행해.'

'나는 죄를 많이 지었기 때문에 사랑받을 자격이 없어.'

자의식이 생긴다는 것은 한편으로 죄책감의 역사가 시작되었다는 것과 같다. 그래서 늘 괴롭다. 이것이 '로루하마' 아닌가?

그렇다면 '로암미'는 어떤가?

'나는 긍휼을 받을 수 없는 인생이다. 나는 사랑받을 수 없는 인생이다.'

'나는 하나님 백성의 자격을 상실했어. 나 같은 걸 하나님이 어떻게 구원해주시겠어?'

이것이 로암미의 비관이다. 뿐만 아니라 '하나님께서 흩으신다'라는 저주의 의미에서의 이스르엘이란 꼬리표를 달고 살았던 첫째도 있다.

호세아의 세 자녀가 가졌던 절망적인 인생에 대한 비관들, 이것이 우리의 모습 아니었는가?

이름을 바꾸어주시는 은혜

세 자녀와 믿는 우리와의 두 번째 공통점은 그 이름을 바꾸어주시는 은혜를 경험했다는 것이다. 호세아서 1장에 보면 저주와 복의 분기점이 되는 말씀이 나온다.

'그러나' 이스라엘 자손의 수가 바닷가의 모래같이 되어서 헤아릴 수도 없고 셀 수도 없을 것이며 전에 그들에게 이르기를 너희는 내 백성이 아니라 한 그곳에서 그들에게 이르기를 너희는 살아 계신 하나님의 아들들이라 할 것이라 호 1:10

여기에 나오는 '그러나'는 우리의 인생을 송두리째 바꿔 놓은 대 반전의 '그러나'이다.

앞에서 시편 3편 3절에 담긴 대 반전의 '그러나'에 대해 살펴보았 다. 한글 성경에는 생략되어 있지만, 나는 이 '그러나'가 시편 3편에 서 가장 중요한 단어라고 생각한다.

시편 3편 1,2절에서 다윗은 절망적인 현실 앞에 무너져 있었다.

> 여호와여 나의 대적이 어찌 그리 많은지요 일어나 나를 치는 자가 많으
> 니이다 많은 사람이 나를 대적하여 말하기를 그는 하나님께 구원을 받지
> 못한다 하나이다 시 3:1,2

그런 다윗을 '그러나'가 일으켜 세운다. 만일 하나님을 향한 대 반전의 '그러나'가 없었다면, 3절에서는 더 절망적인 표현, 4절에서 는 더 절망적인 표현이 이어지다가 6절쯤에서는 '나는 인생을 끝내 고 싶다'라는 말로 발전했을지도 모른다. 그 고리를 3절의 '그러나' 가 끊어버린 것이다.

그런데 호세아서에 나오는 '그러나'는 시편 3편의 차원을 넘어선 다. 즉, 낙심한 마음을 희망으로 바꾸는 차원이 아니라 범죄하여 희망이라고는 씨앗조차 찾아볼 수 없는 완전한 절망의 상황을 반 전시키고 있다.

여기서의 '그러나'는 하나님의 개입하심을 말한다. "나는 저주받

은 여인입니다. 나는 그렇게 태어났습니다"라고 자신을 비관하던 인생을 "나에게는 이제 희망이 있습니다. 나는 이제 이전의 내가 아닙니다"라고 고백하게 한다.

앞에서 나는 두 종류의 인생이 있다고 말했다. 불안하고 두려운 일이 찾아왔을 때 그 상황을 역전시키는 '그러나'가 있는 인생, 없는 인생. 그 두 인생의 차이는 너무나 크다.

담임목사로 섬기다 보니, 시편 3편 1절이나 2절과 같은 아픔을 종종 경험한다. 교회가 많이 알려지게 되면서는 알지도 못하는 사람들에게서 상처를 받는 경우도 생겼다. 하지만 나는 시편 3편 3절의 '그러나'가 있는 인생임에 감사한다. 간혹 상처 받는 일을 만날 때마다 어떻게 그렇게 치료가 빨리 일어나는지, 자고 일어나면 괜찮아진다.

얼마 전에 우리 교회의 젊은 교역자 한 분이 나에게 격려의 메일을 보내왔다.

"목사님께서 어려운 일로 마음이 힘드시다는 소식을 전해 들었습니다."

그러면서 꼭 힘내시라는 내용을 담은 메일이었다. 참 고맙게도 그 교역자는 자기 육신의 아버지에게도 그런 적이 없는데 힘들어하는 나를 보며 〈불효자는 웁니다〉라는 노래가 생각났다고 말해주었다.

그런데 정작 나는 그 교역자가 말한 '힘든 일'이라는 게 무엇이었는지 생각이 나질 않았다. 며칠 사이에 다 회복이 되어버린 것이다. 정작 당사자는 이미 괜찮아져서 휘파람을 불고 있는데 후배 교역자로부터 이런 격려의 메일을 받으니 얼마나 감사한 일인가? 이런 것이 '그러나'가 있는 인생의 모습이 아닐까 싶다.

이러한 '그러나'의 복을 누리고 있는가? 우리가 시편 3편 3절의 '그러나'를 누리기 위해서는 호세아서 1장 10절에 나오는 하나님의 개입하심의 '그러나'를 가져야 한다. 하나님이 우리 인생에 개입하시어 우리의 이름을 바꾸어주시는 은혜를 경험하고, 그것이 우리의 삶을 늘 기쁨과 감격으로 충만하게 채울 수 있기를 바란다.

감격을 회복하는 인생

하나님의 '그러나'가 개입하자 저주스러운 이름이 어떻게 바뀌었는가? 이제 더 이상 '하나님이 흩으신다'라는 차원에서의 이스르엘이 아니다. 이제 우리는 '하나님이 씨 뿌리신다'라는 차원에서의 이스르엘이다. 이 사실을 확신하기 바란다.

또한 우리는 더 이상 '로루하마'가 아니다. 긍휼을 받지 못하는 인생이 아니다. 사랑받을 수 없는 인생이 아니다. 하나님의 '그러나'가 개입함으로 '로' 자가 떨어져 나갔다.

아무리 요모조모 살펴보고 뜯어봐도 매력적인 요소가 별로 없는 나 같은 사람이 많은 성도들에게 과분한 사랑을 받고 있는 것이 감사하고 감격적일 때가 많다. 최근 인터넷에서 내가 30대 젊은 시절에 했던 강의가 떠돌고 있는 것을 보았다. 잠깐 봤는데, 어쩌나 촌스러운지, 진짜 촌놈 그 자체인 모습이 민망해서 끝까지 볼 수가 없었다. 강의는 하나도 안 들어오고 '정말 촌스럽네' 하는 생각만 하고 있는데, 그 아래 댓글이 꽤 많이 달려 있는 것을 발견했다.

"목사님의 30대는 귀요미."

"우리 목사님 너무 사랑스러움."

이런 댓글들을 보고 있자니, '나는 참 하나님이 주시는 복을 많이 누리는 사람이구나' 하는 생각이 들어 미소가 지어졌다.

하나님 백성의 자격을 상실한 '로암미'에서 '로' 자를 떼어주셨으니, 우리는 이제 당당하게 '암미'라고 선포할 수 있다. 우리는 하나님의 자녀요, 하나님의 택하신 백성이다. 여전히 약점 많은 인생이지만 이런 연약한 나를 하나님이 친히 자녀 삼아주셨음을 기억하자. 그래서 믿지 않는 사람들이 "아이고, 네까짓 게 예수쟁이야? 네까짓 게 하나님의 자녀야?"라고 비아냥거리면 그냥 이렇게 대답하면 된다.

"그러게 말이에요. 그런데 하나님께서 저같이 부족한 사람도 이렇게 사랑하시니 그저 감사할 따름이지요. 하나님의 자녀로서 이렇게밖에 살지 못하는 것은 죄송스럽지만, 자격이 없는 나 같은 사람도 하나님께서 자녀로 삼아주시는 걸 어떻게 합니까?"

이것이 '로' 자를 떼어주심으로 '암미' 된 하나님 백성의 감격이다.

그러나 너희들에게도 희망은 있다. 야곱의 이야기를 아는가? 야곱이란 '속이는 자'라는 뜻이다. 야곱은 모태에서 태어날 때부터 속이는 죄성을 가지고 태어났다. 운명적으로 하나님의 심판을 피할 수 없는 자이다. 그러나 울며 간구하는 그를 하나님께서 심판의 장소 광야에서 만나주시고 그 이름을 바꾸어 '이스라엘'사람이 하나님을 뵙다로 부르셨다. 광야의 황무한 그곳이 '벧엘'하나님의 집이 되게 하시고, 여호와는 그의 기념 성화가 되어 아브라함의 하나님, 이삭의 하나님, 야곱의 하나님이라 불리우신다. 우리의 성품과 영혼 속에 더러운 영이 깃들여 있음이 마치 야곱과 같다. 그러나 우리가 울며 하나님께 돌아오기만 하면 하나님은 받아주시고 고쳐주신다.

《선지자들이 불렀던 올챙이의 노래》에 나오는 글이다. 예수 믿은 지 10년이 지나고 20년이 지났지만 여전히 변화받기 이전의 야곱처럼 부끄러운 부분이 많은 것이 우리의 모습이다. 이것이 현실이다. 그러나 그 모습을 자각하고 하나님께 회개하면 하나님은 받아주시고 고쳐주신다. '속이는 자'라는 뜻을 가진 야곱을 '사람이 하나님을 뵙다'라는 뜻을 가진 이스라엘로 바꿔주신 하나님께서 '로루하마', 날 때부터 사랑받을 수 없는 자와 같은 우리를 사랑받는 자녀라 불러주신다. 세상은 끊임없이 우리에게, 우리 자녀들에게 이런 메시지를 던진다.

"너는 사랑받을 자격이 없어."

하나님께서 그런 로루하마의 인생을 루하마의 인생으로 바꾸어 주신 것, 그것을 아는 것이 은혜를 아는 자이다.

그렇다고 이제 우리가 약점이나 죄성이 하나도 없는 천사 같은 존재가 되었다고 생각한다면, 그것은 은혜를 모르는 자이다. 여전히 죄성은 우리 안에서 꿈틀거린다. 그렇기에 우리는 호세아서의 마지막 말씀을 기억해야 한다.

> 내가 그들의 반역을 고치고 기쁘게 그들을 사랑하리니 나의 진노가 그에게서 떠났음이니라 호 14:4

이 감격스런 말씀을 통해 우리가 알아야 하는 것이 무엇인가? 내가 행하는 회개조차도 은혜라는 것이다. 우리의 의식이 대단해서 회개할 수 있게 된 것이 아니다. 회개하게 하시는 것 역시 하나님의 '그러나'의 섭리이다.

이를 깨닫고, 하나님이 주시는 호세아서 14장 4절의 확신을 가지고 살아가게 되길 바란다. '로' 자를 떼어버리고 하나님의 사랑받는 자로, 하나님의 '그러나'의 반전의 은혜를 누리며 살아가는 귀하고 복된 인생이 되기를 주님의 이름으로 축복한다.

여기서의 '그러나'는 하나님의 개입하심을 말한다. 낙심한 마음을 희망으로 바꾸는 차원이 아니라 범죄하여 희망이라고는 씨앗조차 찾아볼 수 없는 완전한 절망의 상황을 반전시키고 있다. 불안하고 두려운 일이 찾아왔을 때 그 상황을 역전시키는 '그러나'가 있는 인생, 없는 인생. 그 두 인생의 차이는 너무나 크다.

호 3:1-5 여호와께서 내게 이르시되 이스라엘 자손이 다른 신을 섬기고 건포도 과자를 즐길지라도 여호와가 그들을 사랑하나니 너는 또 가서 타인의 사랑을 받아 음녀가 된 그 여자를 사랑하라 하시기로 내가 은 열다섯 개와 보리 한 호멜 반으로 나를 위하여 그를 사고 그에게 이르기를 너는 많은 날 동안 나와 함께 지내고 음행하지 말며 다른 남자를 따르지 말라 나도 네게 그리하리라 하였노라 이스라엘 자손들이 많은 날 동안 왕도 없고 지도자도 없고 제사도 없고 주상도 없고 에봇도 없고 드라빔도 없이 지내다가 그 후에 이스라엘 자손이 돌아와서 그들의 하나님 여호와와 그들의 왕 다윗을 찾고 마지막 날에는 여호와를 경외하므로 여호와와 그의 은총으로 나아가리라

CHAPTER 07

죄의 옛 길에서
떠나라

지금 우리는 호세아 선지자의 가정에 대해 살펴보고 있다. 처음에는 당사자인 호세아 선지자의 입장에서, 그리고 세 자녀의 입장에서 말씀을 살펴보고 나누었다. 이제 또 다른 당사자인 호세아의 아내 고멜의 입장에서 말씀을 살펴보려고 한다.

고멜 입장에서 보면 사실 창녀였던 자기의 상황이나 신분과는 전혀 어울리지 않는 결혼을 한 것이다. 그러니 고멜이 선지자와 결혼을 결심했을 때는 '이제 옛 생활을 청산하겠다'라는 결단이 있지 않았을까? 비참하고 음란하기 짝이 없는 옛 생활을 청산하겠다는 굳은 결의가 있었기에 호세아 선지자와 결혼할 수 있었을 것이다.

그런데 참 불행하게도 인간의 의지가 얼마나 약한지, 그 결심이 곧 눈 녹듯 사라져버렸다. 그래서 고멜은 호세아 선지자와 결혼한 이후에도 이전과 다를 바 없는 음란한 생활을 지속했다. 그러다 급기야는 가정을 버리고 가출까지 해버렸다.

선지자와 결혼하면서 옛 생활을 청산하고 거룩한 삶을 결단했던 고멜은 왜 남편의 놀라운 사랑을 누리지 못하고 가출이라는 옛 생활로 돌아가는 짓을 저질렀을까? 이 질문에 대한 대답을 한 마디로 정리한다면, 그것은 고멜이 결혼한 후에도 죄의 본성을 이기지 못했기 때문이라고 할 수 있다.

죄의 본성의 두 가지 기둥

죄의 본성과의 싸움은 나 역시 신학대학교에 들어간 이후로 오늘까지 평생에 걸쳐 싸우고 있는 싸움이기도 하다. 하루가 멀다 하고 들려오는 가슴 아픈 소식들, 크리스천들 심지어 목회자들의 타락한 이야기는 바로 이 싸움에서 졌기 때문에 일어난 일들이라고 할 수 있다.

죄의 본성이 얼마나 질기고 질긴지, 오죽하면 평생 동안 잘 싸워왔던 목회자가 은퇴를 앞두고 넘어지는 경우가 있겠는가? 심지어 70세가 넘어서까지 예수님을 잘 믿어오던 장로님들이 은퇴하신 후에 실족하는 경우도 보게 된다.

여호와께서 내게 이르시되 이스라엘 자손이 다른 신을 섬기고 건포도 과

자를 즐길지라도 여호와가 그들을 사랑하나니 너는 또 가서 타인의 사랑

이 구절에는 타락의 두 가지 양상이 묘사되고 있다. 나는 여기에서 죄의 본성의 두 기둥을 발견했다.

하나는 '건포도 과자를 즐기는 것'으로 표현된 물질 추구이다. 이는 호세아 선지자가 이스라엘 백성의 타락을 상징적으로 압축해서 설명한 것이다. 그런가 하면, '타인의 사랑을 받아 음녀가 된 여자'라고 표현되는 쾌락 추구가 죄의 본성의 또 다른 기둥이다. 구약에 나오는 이러한 양상의 싸움들, 즉 죄의 본성과의 싸움들은 바로 이 두 가지 축을 가진다.

이스라엘 백성이 가나안에 진입한 이후 바알 신에게 빠지게 된 것도 결국은 바알이 비를 주관하는 신이라는 것에 혹했기 때문이다. 농사를 잘 지어서 물질적으로 잘 살아 보겠다는 욕망 때문에 하나님을 저버리고 바알 신을 섬기게 된 것이다. 물질 추구라는 것이 이렇게 무섭다.

오늘날 많은 사람들이 한국 교회가 타락했다고 말한다. 이 말 뒤에는 꼭 '교회가 물질 만능 주의에 빠졌다', '크리스천들이 맘몬 신을 섬긴다', '돈 돈 돈 한다'라는 말들이 붙는다.

이렇게 부연설명이 붙는 이유는 무엇인가? '타락'이라는 것은 결국 물질 추구와 쾌락 추구로 귀결되기 때문이다. 목회자들이 주로 성적인 문제나 돈 문제로 넘어지는 것 역시 그것이 바로 죄의 본성의 대표적인 모양이기 때문이다.

내가 신학대학교에 들어간 이후로 오늘에 이르기까지, 어머니를 비롯하여 나를 아끼는 분들이 충고하시는 것이 있다. 돈과 여자를 조심하라는 것이다. 우리 어머니는 거기에 하나를 더 붙이시는데, 교만을 조심하라고 하신다. 언제, 어디서 넘어지게 될지 아무도 모르는 일이기에 살얼음판을 걷듯 늘 주의하려고 애를 쓴다.

가끔씩 교회 성가대에서도 이성의 문제가 생기는 것을 본다. 아름다운 남녀가 주일마다 모여 노래 연습을 하다 보면 서로가 얼마나 아름다워 보이겠는가? 사탄은 찬스의 귀재이다. 그 틈을 비집고 들어와 마음을 흔들어놓는다. 그러니 이성에 대해서는 조심하고 또 조심해야 한다. 이성이 너무 친절하게 다가올 때는 긴장해야 한다.

비록 지금 범죄의 자리까지 가지는 않았다 해도 내 아내나 남편이 아닌 다른 이성에 대해 은근히 연락도 하고 농담도 주고받는 일들을 방치한다면, 사탄은 절대로 거기서 끝나게 하지 않는다. 그러므로 끊어야 한다. 수치의 자리에 빠지기 전에, 기회 있을 때 끊어야 한다.

물질의 문제도 마찬가지다. 만일 지금 비가 새는 집에서 살고 있거나 끼니를 걱정하고 있다면 모르지만, 먹고 살 만한데도 계속 돈을 추구하면서 인색하기 짝이 없게 산다면, 남을 위해서는 만 원짜리 한 장 내놓지 못하면서 자기 자식들 과외 시키는 데는 3,40만원을 우습지 않게 펑펑 쓰고 있다면, 바로 성경이 말하는 물질적인 문제에 걸려 있는 것이다. 끊고 돌이켜야 한다.

하나도 아시고 둘도 아시는 하나님

요즘 젊은이들의 성적인 타락을 염려하는 분들이 많다. 간혹 들리는 이야기 중에는 첫 만남에 마음에 들면 바로 모텔로 향하고, 심지어 그것을 멋있다고 여기는 젊은이들이 있다고 한다. 교회 안에서조차 이런 생각을 가진 젊은이들이 늘고 있다고 하니, 참으로 걱정스런 일이 아닐 수 없다. 이들에게 올바른 가치관을 제대로 교육시키지 못한 우리 기성세대의 책임이라 생각한다.

그런데 세상적인 관점으로 생각해보면, 쾌락을 절제하는 것보다 내키는 대로 즐기는 것이 더 좋지 않은가? 기왕에 한 번 사는 인생인데 돈도 펑펑 쓰고 맘에 드는 사람과 즐기며 사는 것이 좋지 않은가? 도대체 왜 절제해야 하는가? 왜 평생 배우자 한 사람만 사랑하는 답답한 생활을 해야 한단 말인가?

제한적인 인간의 머리로는 이런 질문에 대한 답이 나오지 않는다. 인간은 하나만 알고 둘은 모르는 존재다. 그러니 하나도 아시고 둘도 아시는 하나님께서 '그런 쾌락은 절제해야 한다, 물질을 절제해야 한다'라고 말씀하시면 그대로 순종하는 것이 좋다. 머리로 이해가 안 될 때도 순종해야 한다.

'부익부 빈익빈'이라고, 있는 사람은 수단과 방법을 가리지 않고 없는 사람 것까지 끌어 모으며 돈을 추구한다. 그들의 성적인 타락은 말로 다 할 수가 없다. 이렇게 물질과 쾌락의 길을 추구한다고 행복할까? 평생 한 여자와 사는 사람보다 이런 사람이 더 행복할까? 아닐 것이다. 그럴 리가 없다.

우리나라보다 훨씬 자유분방한 나라들, 멋대로 즐기는 유럽이나 미국을 보라. 이혼과 정신질환자들이 급증하고 있다. 미국에서 수면제 없이 잠을 못 이루는 사람들의 수가 얼마나 되는지 아는가? 미국 사람들이 수면제를 구입하는 데 쓰는 비용이 상상을 초월하는 큰 금액이라고 들었다. 그렇게 물질적으로 풍요한 나라, 마음 내키는 대로 쾌락을 추구하는 것에 익숙한 사람들이 많이 살고 있는 그 나라에서 불면증 환자들이 그렇게 많다는 것이 뭘 의미하겠는가?

존귀한 삶을 놓치지 말라

고멜이 왜 남편인 호세아를 버리고 외간 남자를 따라 가출했을까? 자신의 행복을 위해서였을 것이다. 그렇게 하는 게 분명히 더 행복할 거라 생각한 것이다. 그런데 본문을 보면 참 재미있는 것을 발견하게 된다.

> 내가 은 열다섯 개와 보리 한 호멜 반으로 나를 위하여 그를 사고 호 3:2

가출한 고멜의 모습이 얼마나 비참해졌는가? 호세아는 고멜을 돈을 주고 되찾아와야 했는데, 여기서 주목해야 할 것이 고멜을 되찾는 데 든 돈이 은 열다섯 개와 보리 한 호멜 반이었다는 점이다. 이것의 가치는 얼마나 될까?

> 소가 만일 남종이나 여종을 받으면 소 임자가 은 삼십 세겔을 그의 상전
> 에게 줄 것이요 소는 돌로 쳐서 죽일지니라 출 21:32

출애굽기에 보면 자신이 기르던 소가 다른 사람의 종을 들이받아 죽이게 되면 배상금을 치러야 했는데, 그 배상금이 은 삼십 세겔이었다. 즉 종의 목숨 값이 은 삼십 세겔이었다는 말이다. 고멜의 몸값이 은 열다섯 개와 보리 한 호멜 반이었다는 것은 가출한 고멜이 노예보다 못한 존재로 전락했다는 의미이다.

고상하고 품격을 갖춘 호세아를 떠나 다른 남자를 추구한 것은 행복을 위함이었는데, 결과적으로는 이렇게 비참한 인생이 되어버렸다. 노예보다 못한 싸구려 인생이 되어버린 것이다.

하나님과 함께할 때 가치가 드러난다

고멜과 호세아의 관계는 우리와 하나님의 관계를 묘사한다. 여기서 우리가 얻어야 할 교훈은 무엇인가? 우리의 진정한 가치는 하나님과 더불어 함께할 때 드러난다는 것이다. 고멜의 생각과 달리 남편을 떠나 세상에서 방황한 것이 그녀를 싸구려 인생으로 전락시

킨 것처럼, 스스로 행복해지려고 하나님 곁을 떠나면 초라한 인생으로 전락할 뿐이다.

이런 맥락에서 나는 시편 8편 4절 말씀을 참 좋아한다.

> 사람이 무엇이기에 주께서 그를 생각하시며 인자가 무엇이기에 주께서
> 그를 돌보시나이까 시 8:4

이 부분을 새번역 성경으로 보면 더 실감난다.

> 사람이 무엇이기에 주님께서 이렇게까지 생각하여주시며, 사람의 아들
> 이 무엇이기에 주님께서 이렇게까지 돌보아주십니까? 주님께서는 그를
> 하나님보다 조금 못하게 하시고, 그에게 존귀하고 영화로운 왕관을 씌워
> 주셨습니다. 시 8:4,5, 새번역

우리의 가치는 자격 없는 우리에게 존귀하고 영화로운 왕관을 씌워주시는 하나님 곁에 있을 때 가장 살아난다.

만약 이 땅에 복음이 들어오지 않았다면, 아직도 우리가 예수님이 누구인지 모르는 시대를 살고 있다면, 나는 당연히 목사가 안 되었을 것이다. 그럼 나는 어떤 인생을 살고 있을까? 정말 궁금하다. 무슨 일을 하고 있을지는 잘 모르겠지만, 한 가지 확신하는 것은 있다. 지금보다 더 행복할 수는 없었을 거라고. 나는 확신한다. 세

상 사람들이 추구하는 부와 명예를 다 손에 쥘 수 있는 자리에 오른다 하더라도 주님께서 명하신 이 자리를 묵묵히 걸어가는 지금 이 순간보다 행복할 수 없다는 사실을 말이다.

나는 〈나는 행복해요〉라는 찬양을 종종 되뇐다. 이 찬양의 후렴 구에 보면 이런 구절이 있다.

> 나는 행복해요, 죄 사함 받았으니
> 아버지 품안에서 떠나 살기 싫어요
> 나는 행복해요, 사랑이 샘솟으니
> 이 세상 무엇이든 채우고도 남아요
> _나는 행복해요, 김석균

내가 이 찬양을 자주 흥얼거리는 것은, 이 찬양 가사 안에 믿는 우리가 기억해야 할 두 가지 요소가 다 담겨 있기 때문이다. 먼저 우리는 주님 안에서 행복해야 한다. 왜 그런가? 주님과 더불어 함께 하기 때문이다. 주님과 함께하는데, 주님께 죄 사함을 받았는데 어찌 행복하지 않을 수 있겠는가?

그런가 하면 우리는 주님으로 인해 샘솟듯이 솟아나는 이 행복을 주변에 흘려보내야 한다. 주님으로 인해 행복을 누리는 자들은 노력하지 않아도 주변 사람들에게 자꾸만 그 행복을 나누어주게 된다. 사랑이 샘솟기 때문이다.

나는 내게 주어진 큰 숙제 중 하나가 아내를 행복하게 해주는 것이라고 생각한다. 수많은 성도들을 행복하게 해드렸다 해도 가장 가까이 있는 아내가 나 때문에 행복하지 못하다면 나는 실패한 목회자이다. 내 안에서 샘솟는 사랑이 아내에게 흘러가길 원한다. 우리 세 아이에게 이 행복이 흘러가길 원한다.

나는 알고 있다. 행복은 하나님께서 정해주신 영역 안에 있을 때에만 가능하다는 사실을. 고멜처럼 호세아를 떠나 외간 남자랑 살면 행복할 것 같아도 그렇지가 않다.

마찬가지로, 우리는 하나님을 떠나는 그 순간부터 싸구려 인생으로 전락하게 된다. 만일 내가 예수 그리스도를 등에 업고 있지 않다면, 나 같은 사람이 하는 이야기를 들으려고 새벽부터 교회에 오는 사람은 없을 거다. 나의 나 된 것은 나 자신으로 인함이 아니다. 내 안에 그리스도가 계시고 내가 예수 그리스도 안에 있기에 내가 존귀한 존재가 된 것이다.

유혹에 넘어가지 않는 비결

그렇다면 고멜이 범한 우愚를 피할 수 있는 방법은 무엇이겠는가? 현실적으로 유혹이 얼마나 많은 세상인가? 끊임없이 유혹이 찾아오는 세상 속에서 어떻게 하면 유혹을 잘 이겨내어 고멜처럼 싸구려 인생으로 전락하지 않을 수 있을까? 나는 이 질문에 대한 대답을 호세아서 3장 3절에서 찾았다.

그에게 이르기를 너는 많은 날 동안 나와 함께 지내고 음행하지 말며 다른 남자를 따르지 말라 나도 네게 그리하리라 하였노라 호 3:3

이것은 호세아가 자기 아내 고멜에게 한 이야기이다. 그런데 나는 이것이 꼭 하나님이 나에게 하시는 말씀 같다. 이 구절에는 우리가 세상 유혹에 넘어가지 않는 비결이 담겨 있다. 그 비결을 세 가지 정도로 정리해보았다.

하나님과 함께 거하라

첫 번째 대안은 "너는 많은 날 동안 나와 함께 지내고"라는 구절에서 찾을 수 있다.

내가 미국에 이민 갔을 때 제일 힘들었던 것 중에 하나가 미국 사람과 같이 엘리베이터에 타는 것이었다. 김치를 먹었기 때문이다. 미국 사람들이 김치 안에 들어 있는 마늘 냄새를 얼마나 싫어하는지 모른다. 이민 생활 하는 동안에 나는 종종 이런 질문을 던지곤 했다.

'한국 사람들은 이렇게 김치를 좋아해서 김치가 없으면 살 수가 없는데, 왜 미국 사람들은 김치를 싫어할까? DNA가 달라서 그런가?'

이 질문에 대해 내가 내린 결론은 이렇다.

'우리나라 사람들이 김치를 좋아하는 건 어릴 때부터 자꾸 먹어서 그렇다. 자꾸 접하다 보니 좋아진 것이다. 미국 사람들은 스테이크를 좋아한다. 어릴 때부터 계속 먹어서 그렇다. 내가 좋아하는 건 내가 자꾸 접했기 때문이다.'

이것은 영적인 원리도 마찬가지다. 내가 더 많이 접하고 더 많이 생각하는 것의 영향을 받게 된다는 것이다.

이런 맥락에서 보면 많은 날 동안 하나님과 함께 지내는 것, 이것이 유혹을 이기는 대안이 된다. 오늘 우리가 물질 추구와 쾌락 추구로 대변되는 세상에 자꾸 흔들리는 것은 우리 삶이 그만큼 사탄이 지배하는 세상에 많이 노출되어 있다는 의미이다.

우리가 사용하는 페이스북이나 트위터 같은 SNS도 타락한 유럽과 미국의 문화에서 나온 것이다. 나는 이런 것들을 통로로 삼아 전 세계 평준화가 이루어졌다고 본다. 성적 타락을 비롯한 문화 타락의 평준화 말이다. 생각할 때마다 억장이 무너지는 일이 아닐 수 없다.

얼마 전에는 미국에서 활동하는 한 운동선수가 시카고에 원정경기를 갔을 때 젊은 여성을 호텔로 불러 성관계를 가졌는데, 그 여성이 성폭행을 당했다고 고소했다는 기사가 터졌다. 사람들은 이 사건을 보면서 결혼도 안한 총각이 처녀를 불러서 성관계를 가진 점에 대해서는 관심이 없었다. 그저 그 일이 강제적으로 일어난 것인지, 합의 하에 일어난 것인지에만 관심을 가졌다. 오늘 이 시대 사람들의 가치관이 이만큼 달라져버렸다.

왜 이렇게 되었을까? 대답은 간단하다. 그것을 용인하는 가치관을 자꾸 접했기 때문이다. 나는 동성 결혼 문제도 시간의 문제일 뿐, 우리나라에서도 이것이 합법화될 날이 올 것이라고 생각한다. 이런 생각을 하게 된 것은 동성애를 미화하는 영화들이 넘쳐나는 현실을 보기 때문이다. 지금 상영되는 영화들을 보라. 동성애를 미화하는 내용들이 계속 흘러 들어오고 있다. 이런 것들을 자꾸 접하게 되면 어느새 동성 결혼에 대한 거부감도 사라지게 될 것이다.

내가 청소년 사역을 한참 할 때 남자들이 귀를 뚫기 시작했는데, 처음에는 '저 사람이 제정신인가' 싶었지만, 그런 사람들을 자꾸 접하다 보니 요즘엔 하나도 이상하지가 않다. 남자가 귀 뚫는 것이 뭐 어떤가. 이것이 문화다. 자꾸 접하면 자연스러워 보이게 된다.

남자가 머리를 기르는 것도 그렇다. 1970년대 같았으면 정신병원에 강제 입원 시킬 만한 일이었겠지만, 요즘 남자가 머리를 길러서 꽁지머리를 했다 해도 이상하게 생각하는 사람은 없다. 오히려 '나도 한번 해볼까?' 싶은 생각까지 든다. 자꾸 접하면 그렇게 생각이 바뀌게 되는 것이다.

이런 맥락에서 자신의 모습을 돌아보자. 우리는 엿새 내내 타락한 세상 문화에 노출되어 있다. 여기에 반해 하나님 앞으로 나아와 예배드리거나 말씀을 묵상하거나 기도하는 시간은 상대적으로 줄어들고 있는 것이 현실이다.

이것은 자녀들의 신앙교육도 마찬가지이다. 아이들의 신앙적 가치관을 빼앗으려는 세상 문화는 일주일 내내 폭풍처럼 밀려들지만, 하나님께 나아와 예배드리는 시간은 일주일에 딱 한 시간이다. 이러니 아이들의 가치관이 세상적이고 세속화 되어가는 현실은 너무나 당연한 결과 아닌가?

이런 가슴 아픈 현실을 목도하는 우리이기에, 지금 호세아가 제시하는 대안을 기억해야 한다. 이 악한 세상의 유혹을 이기려면 어떻게 해야 되는가?

"너는 많은 날 동안 나와 함께 지내고."

우리가 세상 유혹으로부터 이기기 위해서는 주중에도 말씀을 읽어야 한다. 주중에 살아 계신 하나님과 인격적인 교제를 지속해야 한다. 예배를 드리지 않을 때도, 길을 걸을 때나 운전할 때도 내 안에 계시는 성령님과 계속 교제해야 한다.

말씀을 암송해야 한다. 말씀을 묵상해야 한다. 그리고 무엇보다도 그런 신앙적인 행위에 어린 자녀들을 동참시켜야 한다. 함께 말씀 읽고 함께 기도하며 자녀들이 하나님을 더 많이 접할 수 있도록 도와야 한다. 이것이 호세아가 제안하는 첫 번째 대안이다.

옛 습관과의 단절을 결단하라

두 번째 대안은 무엇인가? 호세아는 "음행하지 말며 다른 남자를 따르지 말라"라고 말한다. 이는 이미 내게 형성된 습관적인 죄, 즉 습관적으로 행하던 음란한 생활 태도와 단절하라는 말씀이다. 옛 생활과 단절하라는 것이다.

이런 단절을 결단할 수 있는 힘은 말씀을 들을 때 생긴다. 예배에 참석할 때 생긴다. 기도할 때 생긴다.

여기서 한 가지 기억해야 할 것이 있다. 우리가 예배드릴 때 얼마나 많은 눈물을 흘렸는지, 감정적으로 얼마나 뜨겁고 자극되었는지는 별로 중요하지 않다는 것이다. 감정적으로 뜨거운 것을 경험하지 못했다 하더라도 하나님이 주시는 말씀 앞에 회개하며 자신의 오래된 습관적인 죄를 버리겠다는 결단이 중요하다.

'옛 생활과 단절해야겠다. 청산해야겠다.'

하나님은 이런 결단을 기뻐하신다. 그리고 이것이 우리가 영적으로 회복되고 갱신될 수 있는 길이다.

더 늦기 전에 결단하자. 기회 주실 때 하나님 앞으로 나아가 옛 습관과 단절하는 결단이 있기 바란다.

포기하지 말라

세 번째 대안은 세 가지 중 가장 중요한 대안이기도 하다. 호세아는 "나도 네게 그리하리라"라고 말한다. 새번역 성경에는 이 부분이 이렇게 기록되어 있다.

"나를 기다리시오. 그동안 나도 당신을 기다리겠소."

이 말은 "당신을 사랑하고 기다릴 테니, 어떤 상황이 오더라도 포기하지 말라"라는 말 아닌가? 정말 눈물겨운 이야기이다. 그 음란한 아내 고멜을 향한 남편 호세아의 이 따뜻한 격려가 마음을 뜨겁게 한다. 그런데 나는 음란한 아내 고멜에게 던지는 호세아의 이 따뜻한 격려의 말이야말로 유혹 많은 세상을 살아가는 우리, 그래서 때로는 넘어지고 자빠지는 초라한 우리에게 주시는 주님의 메시지라고 생각한다.

그렇기 때문에 우리는 이 세상을 살아가다 유혹이 찾아올 때, "나를 기다려라, 나도 너를 기다리겠다"라는 주님의 음성을 들어야 한다. 이 눈물겨운 주님의 마음이 읽혀지는 사람은 은밀히 찾아오는 죄의 유혹에 단호히 대처하는 힘을 얻으리라 믿는다.

목회를 하다 보면 나도 이런저런 유혹을 받을 때가 있다. 그때마다 유혹을 이길 수 있는 힘은 내 인격에서 나오는 것이 아니다. "나를 기다려라, 나도 너를 기다리겠다"라고 말씀하시는 하나님 앞에 거룩하고 순결한 영적 신부로 서게 될 그날을 기다리라고 말씀하시는 주님을 마음에 품고 살아갈 때 유혹을 이길 힘을 얻게 된다.

내가 살던 시카고에 무디 바이블 인스티튜트라는 신학교가 있다. 그 학교 학장님의 설교를 전해들은 적이 있는데, 그 분이 이런 이야기를 하셨다고 한다.

"지금부터 1분의 시간을 드릴 테니 다른 생각은 다 하더라도 코끼리 생각은 하지 마십시오."

그리고 모두에게 눈을 감으라고 했다. 1분이 지난 후 학장님이 이렇게 질문했다.

"이중에서 코끼리 생각 안 한 사람은 손들어 보세요."

아무도 없었다. 코끼리 생각을 하지 않으려고 애쓰는 것 자체가 함정인 것이다. 그 범주에서는 결코 코끼리 생각을 벗어날 수 없다. 그 질문을 던진 학장님이 말하고자 했던 핵심이 바로 그것이다.

아무도 손을 들지 않는 것을 보고는 그 학장님이 코끼리 생각을 하지 않을 수 있는 비결을 가르쳐주셨다.

"여러분, 1분 동안 코끼리 생각을 하지 않으려면 코끼리를 생각하지 않으려고 발버둥치는 것이 아니라, 코끼리보다 더 아름다운 것을 생각하면 됩니다. 어린 강아지나 아름다운 꽃, 또는 어머니를 생각해보세요. 코끼리를 생각하지 않으려고 하면 100퍼센트 실패하지만, 코끼리보다 더 아름다운 것을 생각하면 성공할 수 있습니다."

여기에 굉장히 중요한 영적인 진리가 담겨 있다. 죄의 유혹을 이기려면, 그렇게 하려고 안간힘을 쓰며 이를 악물고 결심하려 하기보다 아름다우신 예수 그리스도를 더 생각해보라.

그러므로 함께 하늘의 부르심을 받은 거룩한 형제들아 우리가 믿는 도리의 사도이시며 대제사장이신 예수를 깊이 생각하라 히 3:1

"나를 기다리시오. 그동안 나도 당신을 기다리겠소."

주님이 주시는 이 음성이 시시때때로 들려지면 좋겠다. 단장한 신부, 순결한 신부로 신랑 되신 주님을 맞이하는 그날을 꿈꿀 때 유혹을 이길 힘이 생긴다. 우리의 신랑 되신 예수 그리스도를 마음에 품고, 그분을 기다리며 세상 유혹을 이겨내는 아름다운 인생이 되기를 주님의 이름으로 축복한다.

●

죄의 유혹을 이기려면, 그렇게 하려
고 안간힘을 쓰며 이를 악물고 결
심하려 하기보다 아름다우신 예수
그리스도를 더 생각해보라. 단장한
신부, 순결한 신부로 신랑 되신 주
님을 맞이하는 그날을 꿈꿀 때 유
혹을 이길 힘이 생긴다.

개입하심

하나님의 개입하심
고통이 소망이 된다

호 2:6-15 그러므로 내가 가시로 그 길을 막으며 담을 쌓아 그로 그 길을 찾지 못하게 하리니 그가 그 사랑하는 자를 따라갈지라도 미치지 못하며 그들을 찾을지라도 만나지 못할 것이라 그제야 그가 이르기를 내가 본 남편에게로 돌아가리니 그때의 내 형편이 지금보다 나았음이라 하리라 곡식과 새 포도주와 기름은 내가 그에게 준 것이요 그들이 바알을 위하여 쓴 은과 금도 내가 그에게 더하여 준 것이거늘 그가 알지 못하도다 … 그러므로 보라 내가 그를 타일러 거친 들로 데리고 가서 말로 위로하고 거기서 비로소 그의 포도원을 그에게 주고 아골 골짜기로 소망의 문을 삼아주리니 그가 거기서 응대하기를 어렸을 때와 애굽 땅에서 올라오던 날과 같이 하리라

CHAPTER 08

하나님의 개입하심이 은혜다

호세아서 2장을 보면 이 백성이 얼마나 어리석고 우매한지, 온 나라가 하나님을 저버리고 우상을 숭배하는 죄를 범하고 있음을 보게 된다. 본문을 가만히 들여다보면 우상 숭배와 관련한 이스라엘 백성의 두 가지 잘못된 모습을 발견할 수 있다.

내가 나의 신을 선택하리라

먼저 그들은 자신들이 누구를 따라야 할지를 스스로 판단할 수 있다는 교만에 빠져 있었다.

> 그들의 어머니는 음행하였고 그들을 임신했던 자는 부끄러운 일을 행하
> 였나니 이는 그가 이르기를 나는 나를 사랑하는 자들을 따르리니 그들이

내 떡과 내 물과 내 양털과 내 삼과 내 기름과 내 술들을 내게 준다 하였

음이라 호 2:5

원어로 보면 '따르다'라는 동사가 복수형으로 쓰였는데, 이는 강조를 위해 사용되었다. 자신의 의지로 자신이 따를 대상을 선택하고 결정할 수 있다는 것을 강조해서 표현한 것이다. 이런 잘못된 생각은 우상 숭배라는 잘못된 결과를 가져왔다.

그런데 지금 우리 시대가 딱 이렇지 않은가? 사람들은 하나님이 한 분뿐이라는 것을 기분 나빠한다. 왜 여호와 하나님만 하나님 God이냐는 것이다. 그러면서 아무것에나 갓god을 갖다 붙인다. 그러나 하나님은 이런 어리석은 생각으로 우상을 숭배하는 백성을 그냥 방치하지 않으신다.

그러므로 내가 가시로 그 길을 막으며 담을 쌓아 그로 그 길을 찾지 못

하게 하리니 그가 그 사랑하는 자를 따라갈지라도 미치지 못하며 그들을

찾을지라도 만나지 못할 것이라 호 2:6,7

이렇게 잘못된 길로 향하는 이스라엘 백성의 앞길을 가시로 막으시고 담을 쌓아서 가지 못하게 하시는 하나님의 일하심 자체가 은혜 아닌가?

우리가 갖고 있는 잘못된 믿음이 하나 있다. 일이 잘 풀리면 하

나님의 은혜라 하고, 일이 잘 풀리지 않으면 하나님의 징계나 저주를 받은 것처럼 생각한다. 하지만 대부분의 경우는 그렇지 않다. 우리 삶 속에 이렇게 일이 안 풀리고 저렇게 어려움으로 고통하는 과정이 있다고 해서 그것이 다 죄의 결과는 아니라는 말이다. 그 안에는 하나님의 깊은 뜻이 여러 가지 있겠지만, 그 모든 것의 공통점은 눈물 나는 쓰라린 시간이 지난 후 돌아보면 그 시간이 대부분 내 인생에 주어진 하나님의 축복이었다는 것이다. 다시스로 향하는 요나의 앞길을 풍랑으로 막아주신 것은 축복 아닌가? 풍랑을 만나 바다에 던져졌던 그 때에는 저주라고 생각했겠지만 말이다.

불쑥 이런 말이 생각난다.

"고통은 변장하고 찾아온 축복이다."

어쨌든 하나님께서는 백성이 타락하여 바알을 향해, 우상을 향해 달려갈 때 가시로 그 길을 막으며 담을 쌓아 그 길을 찾지 못하게 하심으로 개입하신다. 이러한 하나님의 개입하심에 백성은 정신을 차린다.

> 그제야 그가 이르기를 내가 본 남편에게로 돌아가리니 그때의 내 형편이
> 지금보다 나았음이라 하리라 호 2:7

고난을 통해, 하나님의 가시와 담을 통해 하나님이 막아주심으로 정신을 차리게 되는 백성의 모습이 우리의 모습이 되기를 바란다.

주신 이를 알지 못한 이스라엘

또한 이스라엘 백성은 베풀어주시는 하나님의 은혜를 은혜로 알지 못했다. 그에 대한 하나님의 섭섭한 마음을 한번 느껴보라.

곡식과 새 포도주와 기름은 내가 그에게 준 것이요 그들이 바알을 위하여 쓴 은과 금도 내가 그에게 더하여 준 것이거늘 그가 알지 못하도다

호 2:8

이스라엘 백성은 바알이 비를 주관한다고 여기며 온 정성을 다해 바알에게 물질을 갖다 바쳤다. 그들을 보며 하나님은 이렇게 말씀하신다.

"너희들이 바알에게 갖다 바친 금과 은은 모두 내가 너희에게 준 것들이다!"

섭섭해하시는 하나님의 마음이 느껴지지 않는가? 나는 자녀들을 기르면서 종종 아버지 하나님의 심정을 느끼곤 한다. 아버지로서 사춘기의 아이들을 기르다보면 부모가 베풀어주는 사랑과 정성을 몰라도 이렇게 몰라주나 싶은 때가 있다. 그럴 때면 섭섭한 마음이 든다. 아직 어려서 그렇겠지 하며 스스로 위로하긴 하지만. 아버지로서 이런 섭섭한 생각이 들 때마다 나는 아버지 하나님의 심정을 생각해보곤 한다.

흔히들 오늘 우리 시대를 감사를 잃어버린 시대라고 부른다. 그

렇기 때문에 우리는 하나님께서 주신 은혜를 은혜로 알 뿐 아니라 그에 대한 감사를 회복해야 한다.

내 삶을 되돌아봐도 어느 것 하나 하나님의 은혜가 아닌 것이 없다. 하나님은 참 섬세하신 분이다. 주일 사역을 마치고 보통 월요일이 되면 두통이 생기거나 컨디션이 좋지 않아서 누워 지내는 경우가 많다. 그런데 특별새벽기도회 기간이 되면 희한하게도 월요일인데도 두통이 없다. 14년 동안 줄곧 그랬다. 진짜 신기한 일이다. 나는 이것이 섬세하신 하나님의 배려라고 생각한다. 이렇게 하나 하나 생각해보면 내 삶에서 은혜 아닌 것이 없고 감사 제목이 아닌 것이 없다.

우리가 예배의 자리로 나아갈 수 있는 것도 은혜가 아닌가? 하나님이 가슴을 뜨겁게 만들어주시고 눈물을 펑펑 쏟게 해주시는 것만이 은혜가 아니다. 예배를 드리러 가고 싶어도 건강이 여의치 않아 가지 못하는 사람도 있고, 배우자의 반대에 부딪혀 가지 못하는 사람도 있을 것이다. 그러니 예배의 자리에 있는 것이 얼마나 은혜인가? 사실, 내가 숨 쉬고 호흡하는 것 자체가 은혜이다.

최근에 교수님이신 한 장로님과 대화를 나누며 이분이 제자들의 취업을 위해 애를 많이 쓰고 계시다는 것을 알았다. 그런데 그렇게 수고해서 취직을 도와주어도 "스승님 감사합니다" 하고 찾아와서 인사하는 사람은 10명 중에 1명도 안 된다고 하셨다. 취직만 되면 그대로 끝이라는 것이다. 우리 시대가 이렇다.

우리의 다음세대, 우리의 자녀들을 이렇게 감사할 줄 모르는 사람으로 만든 이가 누구인가? 우리 부모들 아닌가? 그렇기 때문에 부모인 우리가 자녀들 앞에서 더 많은 감사의 모범을 보여야 한다. 자녀를 가르치기 위한 의도된 감사가 아니라 진심에서 우러나오는 감사의 삶을 살 때, 우리 자녀들이 그것을 보고 배우리라 믿는다. 우리를 통하여 우리와 우리의 자녀들이 감사가 회복되는 삶을 살게 되기를 바란다.

본문에 나오는 이스라엘 백성도 하나님의 은혜를 망각하고 깨닫지 못하는, 그래서 감사를 모르는 어리석은 모습을 보였다. 하나님은 이런 무지한 백성에게 어떤 조치를 취하셨는가?

> 그러므로 내가 내 곡식을 그것이 익을 계절에 도로 찾으며 내가 내 새 포도주를 그것이 맛 들 시기에 도로 찾으며 또 그들의 벌거벗은 몸을 가릴 내 양털과 내 삼을 빼앗으리라 호 2:9

우리 중에도 이런 이유로 가진 것을 빼앗긴 사람들이 있지 않은가? 호세아 선지자가 이렇게 말하는 것은 하나님이 감사를 모르는 사람들에게 얼마나 섭섭해하시는지 인식하라는 의미이다.

또한 우리가 여기서 알 수 있는 것은 하나님은 그분의 자녀들이 잘못된 길로 나아갈 때 그 자녀의 삶에 개입하신다는 것이다. 그래서 겉으로 보기에는 곡식과 새 포도주와 양털과 같은 소중한 재산을 잃어버리는 것이 아픔이고 불행 같지만, 사실은 더 큰 불행을 막기 위한 하나님의 배려임을 알아야 한다.

오늘 이런저런 고난을 겪고 있다면, 거듭 강조하지만 그 고난이 전부 죄의 결과라고 생각해서는 안 된다. 우리를 더 깊고 더 성숙한 하나님의 사람으로 연단하기 위한 과정일 수 있다는 것이다. 원인은 각양각색이지만 하나님 안에 있는 우리에게 고난의 결과는 하나다. 그 결과를 통해 우리는 로마서 5장 3,4절의 기쁨을 고백할 수 있어야 한다.

> 다만 이뿐 아니라 우리가 환난 중에도 즐거워하나니 이는 환난은 인내
> 를, 인내는 연단을, 연단은 소망을 이루는 줄 앎이로다 롬 5:3,4

환난 속에 하나님이 개입하신다.

하나님의 은혜로운 조치
하나님이 일하시는 또 다른 방식이 있다.

> 그러므로 보라 내가 그를 타일러 거친 들로 데리고 가서 말로 위로하고
> 호 2:14

하나님은 환경적인 고난을 통해 우리로 정신 차리게도 하시지만,

만져주심과 위로하심도 경험하게 하신다. 즉, 잘못된 길로 가는 자녀들을 향한 하나님의 은혜로운 조치가 있다.

설득하시는 하나님

사랑하는 자녀들이 엉뚱한 길로 갈 때 하나님이 하시는 첫 번째 일은 '설득'이다. 14절에 나오는 '타이르다'는 영어 성경에서는 'allure'라는 단어로, '꾀다', '유혹하다'라는 의미를 가진다. 하나님께서 엉뚱한 길로 가는 그분의 자녀들을 타이르는 모습이 마치 이성에게 마음을 사기 위해 꾀고 유혹하는 것과 같다는 말이다.

인터넷이 없던 시절에 연애하던 사람들은 손 편지를 많이 썼다. 손 편지는 정성 아닌가? 좋아하는 이성이 마음을 줄 듯 말 듯 할 때 그 친구를 설득하기 위해 밤 새워 편지를 썼다가 지웠다 하며 얼마나 편지를 통해 'allure' 했는지 기억하는가?

나는 선을 봐서 결혼했다. 아내를 처음 만난 날, 오후 2시에 만났는데 아내에게 잘 보이고 싶어서 온 정성을 다해 설득하고 또 설득했던 기억이 난다. 내가 왜 미국에서 한국으로 오게 되었는지부터 시작해서 온갖 말을 다했다.

무려 5,6시간 동안 정성을 다해 설득했는데, 이 사람이 청년부 모임을 가야 한다고 해서 일단 헤어졌다. 그러고는 며칠 뒤에 다시 만나서 또 설득에 설득을 했다.

이것이 14절에 나오는 '타이르다'의 의미이다. 하나님은 이 정성을 가지고 우리를 설득하신다. 특히 잘못된 길로 가는 자녀들을 설득하고 계신다. 때로는 말씀을 통해, 때로는 설교자를 통해, 때로는 신실한 믿음의 동역자를 통해 설득하신다.

"애야, 지금 너 그러면 안 된다. 정말 그 길로 가면 안 된다."

하나님께서 우리같이 보잘 것 없는 인생들을 위하여 이처럼 정성을 다해 설득하신다는 것이 얼마나 감사한 일인가?

위로해주시는 하나님

그러므로 보라 내가 그를 타일러 거친 들로 데리고 가서 말로 위로하고

호 2:14

영어성경 ISV 버전에 보면 '위로하고'라는 단어가 'speak to her heart'라고 나와 있다. '심장에 대고 이야기하다'라는 뜻이다. 하나님이 우리를 위로하실 때는 그저 "힘내라"고 말씀하시며 등 두드려주시는 정도가 아니다. 오늘도 철없이 하나님 아닌 다른 무엇을 의지하는 자들을 바라보며 탄식하시는 하나님은 긍휼히 여기심으로 우리의 심장에 대고 위로하신다.

특별새벽예배 때가 되면 나는 매일 설교를 준비하느라 거의 잠을 자지 못한다. 그러다 보니 멍한 상태로 설교를 할 때가 있다. 심할 때는 설교를 어떻게 했는지도 기억이 안 난다. 그런 날은 설교를 마

치고도 마음이 힘들다.

최근에도 그런 일이 있었다. 설교를 마치고 아쉬운 마음을 안고 집으로 돌아가서는 아내에게 물었다. 오늘 설교가 많이 부실했느냐고. 그랬더니 아내가 장난스럽게 말했다. 자기도 오늘 새벽 설교를 들으면서, '저렇게 부실한 설교에도 그 설교 들으려고 사람들이 몰려드는 게 정말 기적 같다'는 생각이 들었다는 것이다. 물론 장난스럽게 한 말이지만, 그날 새벽예배에 참석하신 성도님들께 정말 죄송스러운 마음이 들었다.

그런데 웬걸! 그날 교회 게시판을 들어가 보니, 오늘 말씀에 많은 위로와 은혜를 받았다는 글들이 유난히 많이 올라와 있는 것이 아닌가? 이것이 무엇을 의미하는 것인가?

비록 설교자가 부족해서 말씀을 제대로 잘 전하지 못한다 하더라도 하나님은 그런 부족한 종을 사용하시고, 그리고 그 말씀을 듣는 성도들의 심장에 대고 위로하고 설득하고 계시다는 것이다. 그렇게 하나님의 마음을 느끼게 해주시니 설교자가 설교를 망쳤다 싶어 마음이 힘들고 무거운 날에도 그 설교를 듣고 눈물을 흘리는 성도가 있는 것이다. 예배나 설교는 설교자의 컨디션이나 말솜씨에 의지해서 드려지는 것이 아니다. 오직 설교자를 통해 일하시는 하나님의 은혜로 잘못된 길로 가며 고통하는 자녀를 향한 하나님 아버지의 심정이 전달되기를 바란다. 우리를 위로하기 원하시는 하나님의 심장을 만나는 성도가 되길 바란다.

회복을 주시는 하나님

> 내가 나를 위하여 그를 이 땅에 심고 긍휼히 여김을 받지 못하였던 자를
> 긍휼히 여기며 내 백성 아니었던 자에게 향하여 이르기를 너는 내 백성
> 이라 하리니 그들은 이르기를 주는 내 하나님이시라 하리라 하시니라
>
> 호 2:23

"긍휼히 여김을 받지 못하였던 자를 긍휼히 여기며"라는 말이 무슨 뜻인가? 바로 '로루하마'의 저주에 빠진 인생을 '루하마'로 바꾸어주시는 하나님을 말한다. 그리고 "내 백성 아니었던 자에게 향하여 이르기를 너를 내 백성이라 하리니"라는 말씀은 '로암미'의 인생을 '암미'로 바꾸어주시는 하나님의 일하심을 말한다.

이것은 하나님만이 하실 수 있는 일이다. 인간은 설득하고, 위로하는 일은 할 수 있지만 회복은 하나님만이 하실 수 있다. 그 하나님께서 우리를 설득해주시고, 위로해주실 뿐 아니라 우리 마음에 회복에 대한 확신을 심어주신다.

고멜을 향한 호세아의 "나를 기다리시오. 그동안 나도 기다리겠소"라는 간절하고 애절한 호소는 타락한 이스라엘 백성을 향한 여호와 하나님의 마음이었다. 그 하나님의 기다리심 속에는 회복에 대한 자신감이 내포되어 있다. 아무리 엉뚱한 길로 가고, 망한 것 같고, 벼랑 끝에 서 있는 것 같고, 심지어 절벽에서 떨어져버렸을 때

라 할지라도 여호와 하나님께서는 그를 설득하시고 위로하실 뿐
아니라 회복의 자리로 인도해주실 것이다.

낙심에서 일어나라

앞에서, 지난여름에 깊은 슬럼프에 빠졌다는 언급을 했었는데,
그때는 정말 마음이 힘들었다.

'한국 교회는 끝이다. 이제는 희망이 없다. 내가 이렇게 수치스러
운 대한민국의 목사로 계속 살아야 하나? 다 때려치우고 가족이 있
는 미국으로 돌아가야겠다.'

별의별 생각이 다 들고, 과장된 두려움과 절망이 나를 엄습했다.
날씨 또한 너무 더워서 밤에는 열대야로 잠을 이루지 못했다. 그 깊
고 깊은 슬럼프에 빠져 있던 어느 날, 새벽 2시 반쯤 잠에서 깬 내
눈에 책이 하나 들어왔다. 존 스토트 목사님이 쓴 《리더가 리더에
게》라는 책이었다. 그 책을 집어 들고 읽기 시작했는데, 그 책에서
인용하는 성경구절이 눈에 들어왔다. 그 성경구절을 설명하는 표현
하나가 나를 사로잡았다.

> 그러므로 우리가 이 직분을 받아 긍휼하심을 입은 대로 낙심하지 아니하
>
> 고 … 그러므로 우리가 낙심하지 아니하노니 우리의 겉사람은 낡아지나
>
> 우리의 속사람은 날로 새로워지도다 고후 4:1,16

여기에 나오는 '낙심하지 아니하고'라는 단어는 원어로 '우크 엔카쿠멘'이다. 당시 내 상태가 딱 '낙심' 그 자체였다. 한국 교회는 이제 끝났다는 생각으로 낙심해 있었다. 한두 교회가 발버둥쳐서 회복될 문제가 아니라는 생각에 소망을 잃고 있었다. 수천 년의 역사를 가진 유럽 교회도 저 모양인데, 기독교의 뿌리가 제대로 잡혀 있지도 않은 한국에서 교회가 살아남을 수 있을까 싶었다. 그런 나에게 하나님이 이 말씀을 주신 것이다.

그날, 하나님이 나에게 개입하고 계셨다. 그 많은 책 중에 왜 그 책이 내 손에 잡혔을까? 왜 하필 '우크 엔카쿠멘'이라는 단어가 나를 사로잡았을까? 그 하나님의 섬세하심을 보면서 많은 위로를 받았다. 하나님의 설득하심을 경험했다.

'애야, 정신 차려라. 넌 지금 과장된 낙심에 빠져 있다. 교회가 망하긴 왜 망해? 십자가 지신 예수님이 교회의 주인이신데. 이 일은 교회 안의 복음을 죽여 놓은 너희 같은 종들의 타락으로 생겨난 결과일 뿐이다. 지금이라도 복음을 일깨우면, 피 묻은 십자가와 예수 그리스도가 선명히 드러나도록 정신 차리고 일한다면 교회는 회복될 것이다. 교회는 살아난다. 한국 교회에 제2의 부흥의 때가 반드시 올 줄로 믿어라.'

그날 새벽, 나는 여전히 신실하기 이를 데 없는 한국 교회의 수많은 목회자들을 위해 기도했다. 각양각처에서 여전히 아름답게 교회를 섬기고 계시는 목사님과 사모님들을 위해 기도했다.

"하나님, 오늘도 수많은 신실한 목사님들이 드러나지 않는 곳에서 눈물로 기도하고 있습니다. 이 새벽에 제게 보여주신 하나님의 위로하심, 우크 엔카쿠멘을 주의 종들에게 허락해주시길 원합니다."

미국 생활을 정리하고 막 한국에 돌아왔을 때는 외로움 때문에 많이 힘들었다. 학교가 경기도에 있다 보니 주말이면 서울의 기숙사에서 보내야 했는데, 서울에는 아는 사람이라곤 없으니 그 외로움을 주체할 수가 없었다. 국제전화 한 번 하기도 쉽지 않았던 때라 3천 원짜리 전화카드로 미국에 계신 어머니에게 전화를 하면 딱 3분 통화할 수 있었다.

특히 여름방학 때는 기숙사에 남아 있는 사람도 별로 없어서 하루 종일 낯선 방에서 혼자 지낼 때도 많았다. 그렇게 하루 종일 말한 마디 건넬 사람 없이 지내고 나면 저녁 때 쯤에는 가슴이 터질 것 같이 답답한데도 찾아갈 사람이 없었다. 텅 빈 들판에 혼자 서 있는 느낌이랄까.

그런데 나는 바로 그곳에서 하나님의 위로하심과 만져주심을 경험했다. 하나님께 얼마나 많은 위로를 받았는지 모른다. 당시 이 찬양을 많이 불렀다.

마음이 지쳐서 기도할 수 없고
눈물이 빗물처럼 흘러내릴 때
주님은 우리 연약함을 아시고

사랑으로 인도하시네
누군가 널 위하여 누군가 기도하네
네가 홀로 외로워서 마음이 무너질 때
누군가 널 위해 기도하네
_누군가 널 위해 기도하네, 래니 울프

마음이 외롭고 힘든가? 텅 빈 들판에 혼자 서 있는 것 같은가? 당시의 이스라엘 백성들처럼 잘못된 길로 나아가서 어려움을 겪고 있는가? 그래서 인생길이 혼미해졌는가? 바로 그때가 낙심에서 일어나 하나님께서 주시는 '우크 엔카쿠멘'을 붙들어야 할 때이다. 하나님은 지금도 당신을 위해 일하고 계신다. 신실하신 그분 앞에 나아가 그분의 위로와 회복을 경험하라.

호 2:14,15 그러므로 보라 내가 그를 타일러 거친 들로 데리고 가서 말로 위로하

고 거기서 비로소 그의 포도원을 그에게 주고 아골 골짜기로 소망의 문을 삼아

주리니 그가 거기서 응대하기를 어렸을 때와 애굽 땅에서 올라오던 날과 같이

하리라

CHAPTER 09

아골 골짜기가
소망의 문이 되다

하나님은 그분의 자녀의 삶에 간섭하신다. 어떤 분이 호세아서의 설교를 듣고 간증의 글을 게시판에 올려주셨다. 호세아서 2장 6절의 말씀, 하나님께서는 가시로 그 길을 막고 담을 쌓아서 그 길을 보지 못하게 하신다는 말씀을 듣고 많은 것을 깨달았다는 내용이었다.

내가 원했던 일이 좌절당하고, 내가 가고자 했던 길에서 문제를 만나 포기할 수밖에 없어 아팠던 일들이, 훗날 뒤돌아보니 변장하고 찾아온 축복이더라는 것이다. 계획한 일이 성공했더라면 오히려 하나님 앞에서 가슴 아픈 결과가 일어났을 텐데, 나중에 깨닫고 나니까 실패해서 흘렸던 눈물조차도 감사로 바뀌더라는 것이다.

그러므로 내가 내 곡식을 그것이 익을 계절에 도로 찾으며 내가 내 새 포
도주를 그것이 맛 들 시기에 도로 찾으며 또 그들의 벌거벗은 몸을 가릴
내 양털과 내 삼을 빼앗으리라 호 2:9

여기에 두 번에 걸친 '도로 찾으며'라는 단어와 '빼앗으리라'라는
단어가 쓰이고 있다. 이는 하나님이 주신 아름다운 물질의 축복을
우상을 섬기는 데 사용하면 하나님이 그것을 도로 찾으신다는 의
미이다. 그렇기에 우리는 물질의 넉넉함에 감사할 것이 아니라 주신
분이 하나님이시라는 것을 인식할 수 있음에 감사해야 한다. 이것
을 제대로 인식하지 못하고 귀한 물질을 엉뚱한 곳에 사용한다면,
하나님은 주신 것을 빼앗는 극단적인 방법을 사용해서라도 그분의
자녀가 엉뚱한 길로 가는 것을 막으신다.

우리가 계속해서 살펴보고 있는 호세아서 2장은 하나님의 자녀
들이 엉뚱한 길, 잘못된 길, 우상 숭배의 길로 나아갈 때 그것을 방
치하지 않고 개입하셔서 일하시는 하나님을 보여준다. 그중에서도
우상 숭배라는 영적 음행의 길을 가고 있는 이스라엘 백성을 향한
하나님의 적극적인 개입하심을 단계적으로 설명해주고 있는 구절이
바로 호세아서 2장 14,15절이다.

거친 광야로 이끄시는 하나님
그렇다면 하나님의 개입하심의 첫 번째 단계는 무엇인가?

여기 나오는 '거친 들'은 광야를 말한다. 광야는 좋은 곳이 아니다. "광야를 거치면서 성숙해진다"라는 말이 있긴 하지만, 사실 누가 자원해서 거친 광야 길을 걷기 원하겠는가? 그리고 실패와 고난의 광야를 통과하는 모든 사람이 다 성숙해지는 것도 아니다. 오히려 황폐해지는 일이 더 많다.

광야가 아름다운 길이 되는 것은 그 길이 하나님과 동행하는 길일 때에 가능하다. 즉, 하나님과 동행하는 광야가 되어야 그 고난의 광야, 실패의 광야가 상처가 아닌 인생의 보약이 된다.

그러므로 지금 쓰라리고 아프고 억장이 무너지는 광야 길을 걷고 있다면, 스스로 점검해보아야 한다.

'나는 지금 이 아프고 힘든 고난의 광야를 하나님과 함께 걷고 있는가?'

하나님과 함께하는 광야가 복된 이유는 무엇인가?

보라 내가 그를 타일러 거친 들로 데리고 가서 말로 위로하고 호 2:14

광야는 모든 인간적인 관계들이 다 차단되는 대신 하나님의 위로하심이 있는 곳이다. 앞에서도 나눴지만, 1990년도에 이것을 뼈저리게 경험했다. 가족 모두가 미국으로 이민 가서 살다가 나 혼자

가방 2개 달랑 들고 한국으로 돌아왔다. 서른 살, 그렇게 돌아와 신대원에서 공부하던 시간은 고독 그 자체였다. 아는 사람 하나 없는 그곳에서 얼마나 외로웠는지 모른다.

그 외로움의 절정은 1학년 여름방학이었다. 석 달이나 되는 그 긴 방학 동안 왜 가족에게 다녀오지 않았는지 이제는 기억이 나지 않지만, 나름 이유가 있었을 것이다. 양지 캠퍼스 기숙사에서 대학원 과정에 다니던 나는 방학이 되어 학부생들이 있는 사당 캠퍼스에 머물러야 했다. 양지 캠퍼스는 방학이 되면 모두 철수하기 때문에 있을 수가 없었다.

그나마 얼굴이라도 아는 전도사님들마저 다 집으로 돌아가고 나니 말할 사람도 없었다. 내 기억으로 하루에 세 마디밖에 못했던 것 같다. 그 세 마디가 무엇이었는지 아는가? 학교에서 육교를 건너면 허름한 식당이 하나 있었는데, 아침에 거기에 가서 식당 아주머니에게 "아줌마, 비빔밥 하나 주세요"라고 주문하는 게 그날의 첫 마디였다. 두 번째 말은 점심 먹으러 다시 그 식당에 가서 "아줌마, 비빔밥 하나 주세요", 세 번째 말도 저녁 먹으러 그 식당에 가서 "아줌마, 비빔밥 하나 주세요"라는 것이었다.

그렇게 몇 주를 지내니 미칠 것 같았다. 너무너무 답답하고 속이 터질 것 같아 아무도 없는 기숙사 방에서 소리 내어 부르짖으며 기도했다.

"아버지, 제가 너무 외롭습니다."

그런데 미칠 것 같은 외로움 속에서 하나님과 교제하고 나면, 외로움이 없어지는 정도가 아니라 기쁨이 밀려오곤 했다. 터질 것 같은 기쁨이었다. 그렇게 터질 것 같은 감격으로 마음이 너무 기뻐서 사당동 총신대학교에서 숭실대학교로 넘어가는 언덕을 올라가며 소리 높여 기도하곤 했다.

"주님, 감사합니다! 저를 이곳에 불러주셔서 목사 훈련을 시켜주시니, 이제 곧 강단에서 복음을 전할 주의 종으로 부름을 받으니 너무 감사합니다!"

사당동 기숙사에서 언덕을 넘어가면 숭실대학교가 있는데 그 언덕이 제법 가파르다. 주택가도 아니고 차들이 다니는 길이라 아무리 소리를 질러도 도로의 자동차 소리에 묻혀 다른 사람들에게 들리지 않았다. 덕분에 그 길을 오가며 마음 놓고 소리 높여 기도하고, 설교 연습도 하고 그랬다. 만나거나 의지할 사람이 없으니 하나님을 바라보고 의지하게 되더라는 것이다.

그런데 지금은 가끔씩 '내가 변질되고 있는 건 아닌가' 싶은 생각에 마음이 아플 때가 있다. 지금은 그때와는 상황이 많이 달라졌다. 외로울 겨를이 없다. 가까운 곳으로 등산을 가거나 공원에 산책을 나가면 "어, 목사님!" 하면서 다가오는 사람들로 인해 거의 10분에 한 번씩 걸음을 멈춰야 한다. 어떤 분은 "목사님 산책 중이시니 제가 가면서 말씀 나누겠습니다" 하면서 따라오시기도 한다.

아는 사람이 많아져서 싫거나 힘들다는 이야기가 아니다. 문제는 사람들과의 교제가 너무 늘어나서 고독 가운데 하나님을 만나면서 경험했던 그 기쁨, 가슴이 터질 것 같은 그 감격을 누리기가 어렵다는 것이다.

가슴이 터질 것 같은 답답함을 가지고 혼자 하나님 앞에 소리쳐 울부짖으며 기도할 때, 하나님은 은혜를 주셔서 내 마음을 풀어주시고 위로해주셨다. 나는 그때 "거친 들로 데리고 가서 말로 위로하고"14절가 의미하는 바를 온 몸으로 경험할 수 있었다.

우리가 엉뚱한 길로 가면 하나님은 우리를 광야로 데리고 가신다. 우리가 의지하는 모든 것을 차단하기 위해, 우리가 의지하는 우상들로부터 격리시키기 위해 우리를 광야로 이끄신다. 그리고 거기서 위로를 주신다.

기왕에 광야의 길, 고난의 길에서 아픔과 외로움을 겪고 있다면 그 길에서 하나님과 함께하는 은혜를 누리게 되길 바란다. 혹 지금 너무 분주하고, 찾아오는 사람들로 북적거리고, 하는 일마다 잘되고 있다면, 고독한 광야에서 하나님을 만나게 되길 바란다.

하나님께서는 때로 가던 길을 멈추게 하시거나 오해를 통해 주변의 사람들을 흩으시기도 하고, 실패를 경험하거나 쓰라림을 가지고 광야 길로 가도록 내모실 때가 있다. 그것이 인간적인 눈으로는 실패처럼 보이지만 변장하고 찾아온 하나님의 축복임을 깨닫게 되기를 바란다.

광야에서 주시는 선물

하나님이 우리 인생에 개입하시는 두 번째 단계는 무엇인가?

> 거기서 비로소 그의 포도원을 그에게 주고 호 2:15

이 구절에 대해서는 해석이 분분하다. 여러 해석 중에서 나는 이 것을 선물적 차원으로 해석하는 것을 취한다. 하나님께서 우리를 광야로 인도하시고 거기에서 선물을 주신다는 것이다. 그 이유는 앞선 9절을 보면 알 수 있다.

> 그러므로 내가 내 곡식을 그것이 익을 계절에 도로 찾으며 내가 내 새 포
> 도주를 그것이 맛 들 시기에 도로 찾으며 또 그들의 벌거벗은 몸을 가릴
> 내 양털과 내 삼을 빼앗으리라 호 2:9

하나님이 주신 아름답고 귀한 물질을 바알 신을 섬기는 데 사용함으로 잘못을 범하고 있으면 하나님은 그것을 도로 찾으신다. 우리가 엉뚱한 곳에 물질을 사용하며 엉뚱한 곳으로 나아가면 우리 영의 풍성함을 위해 육의 풍성함을 빼앗으신다. 그러나 광야에서의 연단이 이루어지는 과정에서 그것을 빼앗으신 하나님은 그 과정을 통과한 자들에게 그것을 되돌려주신다. 그래서 영어 성경에서는 이 부분을 'give back'되돌려준다, NIV이라고 표현했다. 또 이 부분을

'return'돌아오다, 돌려주다, NLT이라고 표현한 성경도 있다.

일시적으로 물질적인 어려움과 힘듦 가운데 있다면 이 어려움이 영적으로 풍요로워지고 하나님과 더불어 광야로 나아가는 계기라는 것을 깨닫게 되길 바란다. 그리고 이 훈련이 끝나고 나면 하나님이 '비로소' 포도원을 되돌려주시는 복을 누리게 되기를 바란다.

회복의 소망을 주시는 하나님

> 거기서 비로소 그의 포도원을 그에게 주고 아골 골짜기로 소망의 문을
> 삼아주리니 그가 거기서 응대하기를 어렸을 때와 애굽 땅에서 올라오던
> 날과 같이 하리라 호 2:15

여기 등장하는 '아골 골짜기'는 여호수아서 7장을 배경으로 한다. 이스라엘 백성은 가나안에 입성한 후 난공불락이라 불리던 여리고 성을 만났다. 그리고 이 성을 하나님의 기적적인 은혜로 함락시켰다. 이스라엘이 얼마나 사기가 충천했겠는가?

그들이 여리고 성 다음에 정복해야 할 성은 조그마한 아이 성이었다. 여리고 성에 비하면 아이 성을 정복하는 것은 전쟁이라 할 수도 없었다. 사기충천한 이스라엘은 자신만만하게 아이 성과 전투를 벌였다. 그런데 가슴 아프게도, 질 수 없는 이 전쟁에서 그들은 쓰라린 패배를 맛보았다.

'이건 안 되겠다, 어렵겠다'라는 마음을 가지고 있다가 지는 것과 '절대로 이긴다, 확신한다'라는 마음을 가지고 있다가 지는 것은 차원이 다르다. 아이 성 전투의 패배가 이스라엘 백성에게 얼마나 치명적이었는지 성경은 "백성의 마음이 녹아 물같이 된지라"수 7:5라고 했다.

이렇게 절망적인 상황에서 패배의 원인을 찾다가 그것이 아간의 범죄 때문임을 알게 되었다.

이스라엘 자손들이 온전히 바친 물건으로 말미암아 범죄하였으니 이는 유다 지파 세라의 증손 삽디의 손자 갈미의 아들 아간이 온전히 바친 물건을 가졌음이라 여호와께서 이스라엘 자손들에게 진노하시니라 수 7:1

이스라엘 백성은 전쟁 패배의 원인을 제공한 아간을 붙잡아 심판했다.

여호수아가 이르되 네가 어찌하여 우리를 괴롭게 하였느냐 여호와께서 오늘 너를 괴롭게 하시리라 하니 온 이스라엘이 그를 돌로 치고 물건들도 돌로 치고 불사르고 그 위에 돌 무더기를 크게 쌓았더니 오늘까지 있더라 여호와께서 그의 맹렬한 진노를 그치시니 그러므로 그곳 이름을 오늘까지 아골 골짜기라 부르더라 수 7:25,26

이것이 '아골 골짜기'의 유래이다. 하나님은 호세아서 2장에서 이 아골 골짜기를 언급하신다. 우상을 숭배하는 이스라엘 백성을 광야로 인도하시고 그들을 지도하시던 하나님이 왜 아골 골짜기 이야기를 꺼내신 것일까?

아간이 취해서는 안 되는 물건을 훔친 행위는 탐심을 바탕에 둔 것이었다. 즉, 지금 우상을 숭배하는 이스라엘 백성의 근본적인 중심에 탐심이 자리 잡고 있다는 것을 말씀하시기 위함이다.

> 그들의 어머니는 음행하였고 그들을 임신했던 자는 부끄러운 일을 행하였나니 이는 그가 이르기를 나는 나를 사랑하는 자들을 따르리니 그들이 내 떡과 내 물과 내 양털과 내 삼과 내 기름과 내 술들을 내게 준다 하였음이라 호 2:5

그들에게 무슨 고상한 이유가 있어서 우상을 숭배한 것이 아니다. 그들이 하나님을 배신하고 새로운 신이라며 섬긴 바알이 하나님보다 믿을 가치가 있거나 우아하거나 고상하거나 진짜 능력 있는 신이라고 믿어서가 아니라는 것이다. 이유는 딱 하나였다.

'그 신이 비를 주관한다더라, 농사를 잘 지어서 돈을 좀 벌어야 자식들도 잘 키우고 우리도 좀 잘 먹고 잘 살지 않겠어?'

하나님의 관점에서 볼 때 우상 숭배하는 그들의 동기는 탐심이었고, 이것은 아골 골짜기의 아간과 똑같은 상황이었다. 하나님은 그

분의 자녀들이 엉뚱한 길로 나아가는 것을 방치하지 않으신다. 그들이 정신을 차리도록 고독하고 외로운 고난의 광야 길로 인도하심으로 그들에게 경고하시고, 또한 그들을 위로하신다. 이것이 하나님의 놀라운 개입하심이다.

특별새벽기도회 때가 되면 새벽 3시부터 교회로 달려와서 부르짖는 분들이 있다. 참 아름다운 모습이다. 그렇지만 그 부르짖음의 동기가 아간과 같은 탐심이라면, 결국은 아간에게 부르짖는 것과 같다는 말이다. 두려운 이야기 아닌가?

어떻게 해서든 하나님을 설득해서 이 땅에서 한 번 잘 먹고 잘살아보겠다는 것은 바알 신을 섬기는 자들과 다를 바 없는 모습이다. 오늘날 많은 크리스천들이 형식적으로는 하나님을 부르며 기도하지만, 그 내용을 들여다보면 바알 종교를 믿는 것과 같다. 청년들이 쓰는 말에 빗대자면 "여호와라 적고 바알이라 부른다", "신앙의 성숙이라 적고 탐심이라 부른다"는 것이다. 하나님 앞에서 이런 부분들을 점검해보면 좋겠다.

그런 우리에게 하나님은 아골 골짜기로 소망의 문을 삼아주겠다고 말씀하신다. 세속주의와 탐욕에 찌들어 바알을 섬기는 우매한 자녀를 그대로 두지 않으시고, 광야로 인도하시고 그들을 위로하신다. 그리고 경고하신다.

"너, 지금 진짜 위험하다. 네가 걸어가는 그 길이 네 조상 아간이 망했던 그 길이야. 아골 골짜기는 아간과 그 가족의 무덤이야!"

왜 하나님은 광야 길에서 끔찍하고 섬뜩한 아골 골짜기를 언급하시는가? 그저 잘살아 보겠다고 선택한 우상 숭배의 길은 삶의 여러 길 중에 하나가 아니라 패망의 길, 죽음의 길이기 때문이다. 그들이 이 경고를 듣고 돌아서길 원하시기 때문이다. 우리 모두가 은밀한 탐심의 길에서 돌아서게 되길, 그래서 참된 소망의 문으로 들어가게 되길 진심으로 바란다.

참 평안을 맛보라

아간처럼 아골 골짜기, 죽음의 길을 향해 가고 있는가, 아니면 아골 골짜기를 벗어나 하나님이 제시해주시는 소망의 문으로 나아가고 있는가? 우리 자신을 점검해야 한다.

아골 골짜기의 아간과 같은 사람은 앞날의 소망보다 지금 잘 되는 것에 집중한다. 하나님이 주시는 신령한 복이고 뭐고 필요 없고, 그저 오늘 사용할 수 있는 돈을 달라고 할 뿐이다. 오늘 기도하고 나면 통장에 돈이 늘어나 있기를 원하는 것이다. 관심이 이런 쪽으로만 흐르게 되면 위험하다. 그런가 하면 지금은 어렵고 힘들고 연단 가운데 있을지라도 하나님이 주신 소망으로 견뎌내고, 그 소망으로 인해 물질적으로 부요한 어떤 사람보다 더 물댄 동산 같은 평안을 누리며 살아간다면, 그런 사람은 아골 골짜기를 벗어나 소망의 문으로 접어든 줄로 믿는다.

마음의 평안이 사라졌는가? 어디에서 평안을 잃어버렸는가? 무엇엔가 속았기 때문은 아닌가? 잠시라도 분주한 세속 사회를 떠나 주님이 인도하시는 광야로 들어서길 바란다.

바알을 좇는 사람들의 풍요를 부러워하지 말자. 그들이 보여주는 모습은 위장된 평화이다. 바알을 섬기는 사람들의 목표는 하나이다. 그저 잘 먹고 잘사는 것. 얼마나 달콤한 종교인가? 하지만 지금 너무나 풍요롭게 사는 것 같은 그들의 삶 끝에 아골 골짜기가 있다. 탐욕에 찌든 아간과 그 가족들의 절망적인 무덤이 있다. 내 안에 복음이 없는데, 내 안에 십자가의 흔적이 사라졌는데 진정한 기쁨이 있을 수 있겠는가? 아골 골짜기의 끝은 절망일 뿐이다. 이것이 하나님이 주시는 경고이다.

하나님은 "내 백성이 지식이 없으므로 망하는도다"호 4:6라고 말씀하셨다. 십자가의 길이 이 땅에서는 아픔이고 고난이며 사명을 감당하는 힘든 과정이지만, 그 길 끝에는 예수님이 계신다. 아간의 길을 걷는 인생이 아니라, 하나님이 주시는 소망의 문을 희망으로 삼는 인생이길 바란다. 그저 세상에서 잘살게 해주겠다는 바알의 길이 아니라, 예수님이 계시는 그 길을 가길 바란다. 그 길을 건넌 자들은 시시때때로 어려움과 아픔과 연단을 만난다 하더라도 종국에는 그 무엇에게도 빼앗기지 않을 하나님의 평안을 얻었다. 그 평안, 하나님의 샬롬을 맛보는 우리 모두가 되길 바란다.

"주여, 은혜를 주옵소서!"

호 3:4,5 이스라엘 자손들이 많은 날 동안 왕도 없고 지도자도 없고 제사도 없고 주상도 없고 에봇도 없고 드라빔도 없이 지내다가 그 후에 이스라엘 자손이 돌아와서 그들의 하나님 여호와와 그들의 왕 다윗을 찾고 마지막 날에는 여호와를 경외하므로 여호와와 그의 은총으로 나아가리라

CHAPTER 10

경외하는 자가 긍휼을 입는다

호세아서의 구조를 보면 크게 두 파트로 나눌 수 있다. 지금 우리가 살펴보고 있는 1장부터 3장까지는 전반부로, 기자인 호세아 선지자의 개인 가족과 관련한 이야기를 다루고 있다. 그런데 첫 번째 파트의 마지막 절인 3장 5절을 보면 굉장히 희망적인 어조로 마무리되는 것을 볼 수 있다.

> 그 후에 이스라엘 자손이 돌아와서 그들의 하나님 여호와와 그들의 왕
>
> 다윗을 찾고 마지막 날에는 여호와를 경외하므로 여호와와 그의 은총으
>
> 로 나아가리라 호 3:5

이 말씀은 이스라엘 자손들이 돌아와서 회개하는 것을 의미한다.

여기 나오는 '돌아와서'는 원어로 '슈브'라는 단어인데, 이 단어는 두 가지 의미로 사용된다.

하나는 실제로 '돌아간다'는 행위를 표현할 때 쓰였고, 다른 하나는 행위적인 차원이 아니라 내면적인 차원에서 마음을 돌이키는 상태, 즉 회개를 뜻할 때 쓰인다. 즉, 우리의 내면세계를 하나님 앞으로 돌이키는 것을 뜻한다.

호세아서 3장 5절에 나오는 '슈브'는 후자의 경우이다. 행위적인 것보다 인식의 변화를 강조하는 차원에서 '돌아와서'란 단어를 쓰고 있다는 말이다.

회복의 시작, 인식의 변화

모든 회복의 시작은 행위 이전에 인식의 변화에서 비롯된다. 탕자의 비유에서 가출했던 둘째가 아버지의 집으로 돌아올 수 있게 된 것도 '아버지에게 돌아가면 내가 종으로 살아도 이것보다 낫겠다'라는 인식의 변화가 원동력이 되었기에 가능했다.

이 원리를 너무 잘 아는 마귀는 가룟 유다가 예수님을 실제로 팔기 전에 먼저 그 생각을 집어넣었다.

> 마귀가 벌써 시몬의 아들 가룟 유다의 마음에 예수를 팔려는 생각을 넣었더라 요 13:2

마귀의 지혜가 악한 쪽으로 얼마나 번뜩이는지 모른다. 이렇게 마귀에게 생각을 장악당한 후에도 가룟 유다는 대인 관계에 아무런 문제가 없었다. 그는 최후의 만찬에도 참석했으며, 함께 떡도 떼었다. 그러나 결국 그 생각은 가룟 유다로 하여금 예수님을 실제로 팔게 했다.

많은 분들이 특별 부흥회나 집회를 통해서 은혜를 받으며 내면의 인식 변화를 경험한다. 그러나 그 변화가 당장 행동의 변화로 연결되는 것은 아니다. 그래서 많은 분들이 괴로워하며 자책한다.

'내가 분명히 회개하고 돌이켰는데, 왜 내 생활에는 이렇게 변화가 없을까?'

하지만 조금 더 자기를 기다려줄 필요가 있다. 우리나라 사람들은 너무 조급해서 남들도 안 기다리지만 자기 자신도 안 기다려준다. 우리나라의 자살률이 높은 이유 중 하나도 바로 자기를 기다려주지 않는 태도 때문인 것 같다.

우리가 확신해야 하는 것은, 하나님이 은혜와 깨달음을 주셔서 자신에 대해 자각하고 인식의 변화가 일어나면 행동의 변화는 반드시 일어난다는 사실이다. 변화가 행동으로 빠르게 연결되는 사람이 있는가 하면 좀 더딘 사람도 있다. 확실한 것은 조금 더디 간다 하더라도 인식이 변화되면 그 사람의 행동은 변화되게 되어 있다는 것이다.

회복의 전제조건

호세아 선지자는 호세아서 전반부를 마무리하는 시점에 이스라엘 백성에게 그러한 '인식의 변화'가 일어날 것이라는 전망을 내놓는다. 그런데 여기서 중요한 것이 있다. 이런 회복이 일어나기 전에 나타나는 전제가 하나 있다는 것이다. 그것이 바로 앞에 나오는 4절이다.

> 이스라엘 자손들이 많은 날 동안 왕도 없고 지도자도 없고 제사도 없고
> 주상도 없고 에봇도 없고 드라빔도 없이 지내다가 호 3:4

여기 보면 이스라엘 백성들이 그동안 의지하고 의존하던 것들이 다 사라져버렸다. '없고', '없고', '없고'의 행렬이다. 이것은 바로 앞의 3절과 함께 읽어야 하는 말씀인데, 여기서 가출했던 아내 고멜을 집으로 데려온 호세아가 무엇을 권면하는지 보자.

> 그에게 이르기를 너는 많은 날 동안 나와 함께 지내고 음행하지 말며 다
> 른 남자를 따르지 말라 나도 네게 그리하리라 하였노라 호 3:3

자숙하라는 것이다. 호세아는 가출했던 아내를 다시 데리고 왔지만, 그렇다고 유야무야 넘어가지 않는다. 호세아는 고멜에게 자숙할 것을 권면한다.

고멜은 당시 타락했던 이스라엘 백성을 상징적으로 보여주는 인물이다. 그런 고멜을 향해 자숙을 권면한 다음, 4절에서 이스라엘 백성들이 그동안 의지하던 것들이 '없고, 없고, 없고' 다 사라졌다고 기록하고 있다. 이것은 무엇을 의미할까? 실제로 이스라엘 역사를 보면 회복이 있기 전에 나라가 망하는 비극을 경험한다. 이처럼 5절의 회복이 있기 전에 죄에 대한 징계가 있었다는 것을 볼 수 있다.

하나님은 분명히 사랑의 하나님이시다. 용서의 하나님이시다. 끝까지 기다려주시는 하나님이시다. 그러나 그것을 악용하면 안 된다. 죄에 대해서 얼렁뚱땅, 유야무야 넘어가서는 안 된다. 바로 이것이 본문이 교훈하는 바이다.

이 부분을 보면서 모든 죄를 시인하고 3년 간 자숙하고 회개한 고든 맥도날드 목사님 생각이 났다. 목회자로서 저질러서는 안 되는 잘못을 저질렀지만, 이 모든 과정을 통해서 그 분은 이전보다 훨씬 더 풍성한 은혜의 사역을 감당할 수 있었다.

우리나라 같은 상황에서는 이 과정이 받아들여지기 어렵다. 3년이 아니라 30년을 자숙해도 용서하기가 어렵다. 그러니 아무리 죄를 지었어도 일단 발뺌하고 보는 것 아닐까? 이 부분이 회복되어야 한다. 먼저 범죄한 당사자가 이유를 막론하고 얼렁뚱땅 넘어가지 않고 자숙하는 시간을 갖고, 또 그 과정이 하나님 안에서 잘 이루어졌다고 하면 기쁨으로 용서해주시는 선순환이 우리 한국 사회에서도 일어나면 좋겠다. 언젠가 그런 날이 오리라 믿는다.

하나님은 분명히 사랑의 하나님이
시다. 끝까지 기다려주시는 하나님
이시다. 그러나 그것을 악용하면 안
된다. 죄에 대해서 얼렁뚱땅 넘어가
서는 안 된다. 하나님을 두려워하지
않는 것, 하나님을 경외하지 않는
것에서부터 삶의 뒤틀림이 시작됐
다. 그렇기 때문에 경외의 회복이 뒤
틀린 삶을 바로 잡는 힘이 된다.

하나님을 향한 경외를 회복하라

이제 진정한 회복의 차원에서 '돌아옴'이 갖는 의미를 두 가지로 나눠보자.

첫째, 하나님을 향한 경외의 회복이다.

> 그 후에 이스라엘 자손이 돌아와서 호 3:5

이것이 원인이다. 그렇다면 그 결과는 어떤가?

> 그들의 하나님 여호와와 그들의 왕 다윗을 찾고 마지막 날에는 여호와를
> 경외하므로 호 3:5

이것이 결과이다. 즉, '돌아와서'와 '경외함으로'가 상관관계가 있다는 것이다. 우리가 회개하고 하나님 앞으로 돌아오게 되었다면 그 자각의 물꼬를 하나님을 경외하는 마음의 회복으로 돌려야 한다. '경외'는 공경하면서 두려워한다는 뜻이다. 오늘날 한국 교회가 이렇게 어렵게 된 것은 하나님을 향한 경외심을 잃어버렸기 때문 아닌가? 하나님을 두려워하는 마음이 사라지니 눈치 보는 곳 없이 막살게 된 것이다.

최근에 나온 책 중에 폴 트립의 《경외》라는 책이 있다. 이 책의 부제가 이렇다.

'뒤틀린 삶을 바로잡는 힘.'

나는 이 책의 부제가 참 마음에 와 닿았다. 그 책에 보면 이런 내용이 나온다.

> 물질에 대한 집착, 일 중독, 폭식과 비만 간음 등 작고 사소한 문제에서 도덕적인 문제에 이르기까지 삶에서 부딪치는 모든 문제의 근원은 하나다. 바로 우리가 '하나님을 경외하지 않는다'는 것이다.

지금 전 세계적으로 겪고 있는 혼란과 혼미, 끔찍한 도덕적 타락의 근원적인 출발이 하나라는 것이다. 하나님을 두려워하지 않는 것, 하나님을 경외하지 않는 것, 바로 여기서부터 이런 뒤틀림이 시작됐다. 그렇기 때문에 경외의 회복이 뒤틀린 삶을 바로 잡는 힘이라는 것이다.

끔찍한 도덕적, 윤리적 타락이 극성을 부렸던 사사 시대를 성경은 어떻게 진단하는가?

> 그 때에 이스라엘에 왕이 없으므로 사람이 각기 자기의 소견에 옳은 대로 행하였더라 삿 21:25

이 표현은 잘못된 표현 아닌가? 왕이 없긴 왜 없는가? 엄연히 왕

되신 하나님은 살아 계시다. 그때, 그 사사 시대 때도 하나님이 돌아가셨던 것이 아니다. 여전히 하나님께서 왕으로 계셨다. 하지만 경외가 사라지니까 왕이 없는 것처럼 행했다는 것이다. 이것이 사사 시대를 타락으로 이끈 것이다.

우리 삶에는 내 마음 중심에 하나님께서 왕으로 살아 계시는가? 삶 속에서 그 하나님을 두려워하는 삶을 살고 있는가? 말씀과 기도를 통해 내 마음 안에 영적인 자각이 일어나고 회개가 있었다면, 이를 악물고 잃어버린 하나님에 대한 경외심을 회복해야 한다.

구체적으로 경외가 무엇인가? 아무도 보는 이들이 없을 때 하는 그 행동이 경외이다. 사람이 있을 때는 우아하기 짝이 없는데, 아무도 보는 이가 없으면 엉망진창이라면 그것은 경외가 아니다.

목사인 나부터 하나님을 두려워하는 마음을 회복하는 것, 강단에서 수많은 사람들이 쳐다볼 때만 거룩한 목사로 서는 것이 아니라 아무도 보는 이 없는 골방으로 들어갔을 때 그곳에서 진정으로 하나님을 경외하는 목사로 서는 것, 이것이 회복되어야 한다.

성도들도 마찬가지다. 교회에서 손 들고 찬양할 때만 거룩한 것이 아니라 예배 마치고 나갈 때에, 가정에서, 골방에서 진정한 경외가 회복되어야 한다. 그래서 나와 가장 가까이 있는 주변 사람들, 가족들, 자녀들에게 진정으로 인정받는 하나님을 경외하는 믿음의 사람들이 다 되기를 바란다. 이 경외가 회복되는 복된 인생이 되기를 바란다.

창조질서를 회복하라

둘째, '돌아옴'은 창조 질서의 회복을 가져온다.

> 그 후에 이스라엘 자손이 돌아와서 그들의 하나님 여호와와 그들의 왕
> 다윗을 찾고 마지막 날에는 여호와를 경외하므로 여호와와 그의 은총으
> 로 나아가리라 호 3:5

'돌아와서'라는 원인의 결과로 "여호와와 그의 은총으로 나아가리라"가 이루어졌는데, 결과로 언급된 '은총'은 히브리어로 '토브'이다. '토브'는 기본적으로 영어의 'good'좋다이나 'beautiful'아름답다이란 뜻을 가진 단어로, 궁극적인 창조 질서를 나타내는 단어이다.

창세기 1장을 보면 "보시기에 좋았더라"가 무려 7번이나 등장하는데, 여기에서 계속 나오는 단어가 '토브'이다. 이것으로 무엇을 알 수 있는가? 본문에서 호세아가 이스라엘 백성의 돌이킴을 창조 질서의 회복 차원으로 연결시키고 있다는 것이다.

전에는 무지해서 바알을 자기들이 의지할 신으로 섬겼는데, 이제 하나님 앞으로 돌아오면서 그들의 창조 질서가 회복되자 창조주가 누구인지 정확하게 알게 되었다. 김필회 교수님이 쓴 《호세아 주석서》에서는 이 부분을 이렇게 설명한다.

"바알이나 패권 국가에 의존하다가 실패한 이스라엘은 징계의 기간을 거치며 구원과 축복이 하나님의 선물임을 깨닫게 된 것이다."

창조 질서가 회복되고, 모든 어그러진 것들이 제자리를 찾고, 하나님을 창조주의 자리로 회복시켜드리는 것이 '토브'라는 것이다.

이런 면에서 나는 우리 모두의 내면에 호세아서 3장 5절에서 말하는 '돌이킴'이 일어나길 간절히 바란다. 그러기 위해서는 하나님을 하나님으로 인정해드려야 한다.

진정한 창조 질서의 회복은 우주를 창조하신 창조주 하나님을 인정해드리는 회복이 있을 때 가능한 일이다. 온 세상 사람들이 창조주 하나님을 자기 머리에서 지워버리는 시대이지만, 우리는 각성하고 하나님을 창조주 하나님으로 인정해드려야 한다. 그리고 창조주 하나님을 두려워하는 '경외'를 회복해야 한다.

경외하는 자가 입는 은혜

우리가 이렇게까지 하나님을 두려워하는 마음, 곧 경외를 회복해야 하는 이유가 무엇인가?

> 여호와는 그를 경외하는 자 곧 그의 인자하심을 바라는 자를 살피사 그
> 들의 영혼을 사망에서 건지시며 그들이 굶주릴 때에 그들을 살리시는도
> 다 우리 영혼이 여호와를 바람이여 그는 우리의 도움과 방패시로다
>
> 시 33:18-20

하나님은 어마어마한 능력을 가지신 창조주이시다. 그런 분을 나

와는 별로 상관없는 분으로 여기는 신앙생활을 할 것이 아니라 우주를 창조하신 그 하나님을 너무나 친밀한 내 아버지, 우리의 도움과 방패로 모셔야 한다. 이렇게 되기 위해선 하나님 경외함을 회복해야 한다. 여호와는 그분을 경외하는 자에게 이런 은혜를 주신다.

시편 103편 13절에도 이런 말씀이 있다.

> 아버지가 자식을 긍휼히 여김같이 여호와께서는 자기를 경외하는 자를
> 긍휼히 여기시나니 시 103:13

하나님은 우리 인생을 불쌍히 여기신다. 그 마음 때문에 하나님은 우리를 돕기 원하시는 것이다. 그런데 하나님의 긍휼함을 받는 인생에게 한 가지 특징이 있는데, 그것이 하나님을 향한 경외의 마음을 가진 자라는 것이다.

그러고 보면 하나님의 긍휼하심을 경험한 인생은 두 가지 특징이 있는데, 하나님에 대해서는 경외감을 가지고 있고 인간에 대해서는 하나님의 성품인 긍휼함이 있다는 것이다. 하나님의 긍휼하심의 은혜를 많이 입은 사람일수록 이 두 가지 특징이 더욱 두드러지는 것을 볼 수 있다.

약하기 때문에 문다

우리 집에서 키우고 있는 강아지를 처음 입양 받았을 때의 일이

다. 태어난 지 몇 달 안 된 새끼 강아지가 자꾸 나를 물었다. 한번은 침대 위에 올라가 있어서 내려주려고 하는데, 내 손을 물어서 피가 뚝뚝 떨어지는 참사가 생겼다. 정말 당황스러웠다.

그 뒤에 어느 날엔가 또 물려고 하기에 야단치려고 손으로 들어올려 손바닥 위에 올렸다. 그랬더니 그 녀석의 콩닥콩닥 뛰는 심장이 내 손바닥에 그대로 전해졌다. 그때 문득, '아, 이 녀석이 사나워서 문 게 아니라 두려워서 물었구나' 하는 걸 깨달았다. 부모와 떨어져 낯선 환경에 처하니 두려웠던 것이다. 그 사실을 깨닫는 순간 불쑥 떠오른 생각이 하나 있었다.

개척 초기에 나를 힘들게 하는 성도들이 있었다. 결국 다른 교회로 떠나셨지만, 곁에 있을 때 상처 되는 말도 많이 하셔서 마음이 힘들고 용서가 잘 안 되었다. 그런데 그 날 손바닥 위에 올려진 그 강아지 심장이 두근거리는 것을 보고서 문득 깨달은 것이 '아, 그 분들이 두려웠던 거구나. 이 교회에서마저 적응하지 못하면 어떡하나 하는 두려움 때문에 나를 공격했던 거구나' 하는 생각이 들면서 눈물이 핑 돌았다. '내가 왜 그 분들을 더 품어주지 못했을까? 왜 그 마음을 더 헤아려주지 못했을까?' 하고 후회가 되었다.

우리는 다 말할 수 없이 여리고 약한 존재들이다. 그래서 서로에게 상처를 주고, 또 상처를 받는다. 남편이 이해할 수 없는 상처를 자꾸 주는 것은 그 내면에 치유 받지 않은 상처가 있기 때문이다. 아내가 한 번씩 말도 안 되는 짜증과 신경질을 내는 것은 그때가 가슴이 두근두근하는 두려움의 시간이라는 것이다.

물지 말고 하나님의 긍휼을 바라보자

이것을 깨달은 뒤로는 강아지가 나를 물려고 사납게 굴어도 '내가 더 사랑해줘야 하는 거구나'라고 생각한다. 나에게 상처를 주려고 모진 말을 내뱉는 사람을 향해서도 '지금 두려워하고 있구나. 마음으로 더 품어주어야겠구나'라는 생각을 한다.

> 내가 그들의 반역을 고치고 기쁘게 그들을 사랑하리니 나의 진노가 그에게서 떠났음이니라 호 14:4

우리는 너 나 할 것 없이 다 약하다. 약해도 너무 약한 게 우리다. 이런 약하디 약한 인간들끼리 모여 있는 곳이 교회이기에, 하나님의 긍휼하심을 경험해야 한다. 그리고 그 긍휼하심의 은혜에 대한 감사와 감격으로 이웃을 긍휼히 여겨야 한다. 가정도 마찬가지이다. 남편이나 아내 중 하나님의 긍휼하심을 더 많이 경험한 쪽이 더 많이 용서하고 용납해야 한다.

> 아버지가 자식을 긍휼히 여김같이 여호와께서는 자기를 경외하는 자를 긍휼히 여기시나니 시 103:13

이 하나님의 긍휼의 은혜를 구해야 한다. 구하고 또 구해야 한다. 그리고 이 일이 가능하기 위해 창조주 되시는 하나님을 두려워하고 경외하는 마음을 회복해야 한다. 하나님을 창조주의 자리로 다시 모셔야 한다. 그럴 때 하나님께서 아버지가 자식을 긍휼히 여김같이 우리를 긍휼히 여겨주신다.

긍휼히 여겨주시는 하나님의 은혜를 회복하게 되기를, 그래서 우리의 삶에 "내가 어찌 너를 버리겠느냐" 하시며 끝끝내 붙들어주시는 하나님의 놀라운 은혜를 풍성하게 누리게 되기를 간절히 바란다. 그 은혜를 누려야 우리가 살 수 있다!

호 3:1 여호와께서 내게 이르시되 이스라엘 자손이 다른 신을 섬기고 건포도 과

자를 즐길지라도 여호와가 그들을 사랑하나니 너는 또 가서 타인의 사랑을 받

아 음녀가 된 그 여자를 사랑하라 하시기로

CHAPTER 11

예기치 못한
기쁨

지난 가을 쯤, 문득 가수 양희은 씨가 부른 〈사랑 그 쓸쓸함에 대하여〉라는 노래가 불쑥 떠올랐다. 그러면서 이런 질문이 생겼다.

'왜 노래 제목을 이렇게 지었을까?'

나는 그 노래의 가사가 무슨 내용을 담고 있는지 잘 몰랐다. 그냥 노래의 제목이 떠오르면서 이런 의문이 든 것이다. 그런데도 그날 오전 내내 그 노래 제목이 계속 머리에 맴돌아서 노랫말을 좀 찾아보았다. 그 가사 처음 부분에 이런 문제 제기가 되어 있었다.

도무지 알 수 없는 한 가지

사람을 사랑하게 되는 일

참 쓸쓸한 일인 것 같아

남녀 간의 사랑을 그린 것 같은 이 노래는 가사의 분위기로 봐서 연인과 헤어진 상황인 듯했다. 그런데 그 무렵 호세아서를 묵상하면서 호세아의 사랑에 한창 몰입해 있던 나는 도무지 이 가사에 동의할 수가 없었다. 아니, 사람을 사랑하는 일을 쓸쓸하다고 말할 수 있는가?

사랑이 쓸쓸한 이유

노래 가사를 쭉 읽어 보니 노래 제목을 이렇게 잡은 이유를 알 것 같았다. 왜 이 노랫말에서 말하는 사랑이 쓸쓸함으로 끝날 수밖에 없었는지, 그 이유가 가사에 담겨 있었다.

사랑이 끝나고 난 뒤에는
이 세상도 끝나고
날 위해 빛나던 모든 것도
그 빛을 잃어버려

남녀 간에 사랑을 나누다 헤어지는 아픔 가운데 드러나는 이 한 마디가 내 눈에 들어왔다.

"날 위해 빛나던 모든 것도."

이 한 마디를 보는 순간 왜 이 사랑이 이렇게 쓸쓸하게 끝날 수밖에 없는지 알 것 같았다. 그 사랑의 출발이 자기 자신이었기 때문이다. 온 우주가 자기를 위해 돌아가는 형국이다. 사랑이 끝나고 난 뒤에는 이 세상도 끝나고, 날 위해 빛나던 모든 것도 그 빛을 잃게 된다고 할 정도로 철저히 나 중심적인 사랑을 했기 때문에 그 사랑은 쓸쓸함으로 끝날 수밖에 없는 것이다.

연애할 때 '저 남자는 오로지 날 행복하게 하기 위해서 태어난 존재이다', '이 여자는 날 기쁘게 해주는 존재이다'라고 생각했기에 사랑이 끝나고 나면 그 세상도 끝나버린다. 이렇듯 철저히 나 중심적이고 축소지향적인 사랑으로는 절대 행복할 수 없다.

그러고 보면 우리 인생은 두 방식의 사랑 싸움이 계속되는 것 같다. 세상은 이런 식의 나 중심적인 사랑을 하라고 한다. 이 남편을 만난 것은 내 행복을 위해, 이 아내를 만난 것도 내 행복을 위해서라고 말한다. 틀린 말은 아니다. 당연히 맞는 말이다. 그러나 이 여자 혹은 이 남자를 만남으로써 내가 행복해지면 동시에 나로 말미암아 그 여자 혹은 그 남자도 행복해져야 하는 것 아닌가?

집요하게 나 중심적인 사랑을 하라고 가르치는 것이 세상의 메시지라면, 하나님이 우리에게 요구하시는 사랑의 모습은 호세아에게 요구하신 사랑이다.

"용납하라, 용서하라. 네 상식을 뛰어넘어서까지 사랑하라. 네 머리로 이해가 안 될 때까지 사랑하라. 십자가가 그런 사랑을 보여

주고 있지 않느냐?"

하나님께서는 바로 이런 아가페 사랑을 우리에게 요구하신다. 이 두 사이에서 갈등하는 것이 우리의 신앙생활인 것 같다.

은밀한 속삭임, 너를 위해 살라

예수님이 공생애를 시작하시기 전에 성령에 이끌리시어 40일 동안 하나님 앞에 금식하며 기도하실 때, 마귀가 다가와서 했던 유혹도 바로 이것이었다. 마귀의 첫 번째 유혹이 무엇이었는가?

> 시험하는 자가 예수께 나아와서 이르되 네가 만일 하나님의 아들이어든
> 명하여 이 돌들로 떡덩이가 되게 하라 마 4:3

성경은 마귀의 첫 번째 유혹의 배경을 이렇게 설명한다.

> 그때에 예수께서 성령에게 이끌리어 마귀에게 시험을 받으러 광야로 가
> 사 사십 일을 밤낮으로 금식하신 후에 주리신지라 마 4:1,2

예수님이 굶주려 계신 그 상황에서 마귀는 "인류 구원이고 뭐고 네 배부터 채워라"라고 유혹한다. 네 필요를 채우라는 이야기이다. 두 번째 유혹도 마찬가지다.

이에 마귀가 예수를 거룩한 성으로 데려다가 성전 꼭대기에 세우고 이르

되 네가 만일 하나님의 아들이어든 뛰어내리라 기록되었으되 그가 너를

위하여 그의 사자들을 명하시리니 그들이 손으로 너를 받들어 발이 돌에

부딪치지 않게 하리로다 하였느니라 마 4:5,6

여기서 내 눈에 확 띈 것이 "너를 위하여"이다. "인류 구원이고 뭐
고 간에 일단 너부터 살아야 하지 않겠니? 너를 위하여 뛰어내려라"
라는 것이 마귀의 두 번째 유혹이었다. 세 번째 유혹도 똑같은 원리
이다.

마귀가 또 그를 데리고 지극히 높은 산으로 가서 천하 만국과 그 영광을

보여 이르되 만일 내게 엎드려 경배하면 이 모든 것을 네게 주리라

마 4:8,9

마귀가 세 번에 걸쳐 집요하게 들이대는 공격의 원리는 딱 하나이
다. '너를 위하여.' 〈사랑, 그 쓸쓸함에 대하여〉라는 노래에 담긴 것
과 같은 맥락이다.

태양이 날 위해 돌아가고, 우주도 날 위해 움직이고, 그 여자도
그 남자도 내 만족을 위해 존재하기 때문에 그 사랑이 끝나는 순간
절망이 오는 것이다. "모든 것이 다 끝났다"고 허무하게 외칠 수밖
에 없는 것이다.

하지만 끝나긴 뭐가 다 끝났는가? 태양은 여전히 아름답게 빛을 비추고 있고, 우주는 여전히 수많은 사람들을 위해 존재하고 있다.

하나님의 아들이신 예수 그리스도께서 이 땅에 오셔서 우리 머리로는 도무지 이해할 수 없고 용납할 수도 없는 '십자가'라는 지고지순한 사랑을 펼치시려고 하고 있다. 그때 마귀가 노린 것은 그것을 잊게 만드는 것이었다.

"그런 엄청난 사랑 말고, 그저 네 배나 채우고 모든 것을 누리면서 잘 먹고 잘살면 안 되겠니?"

바로 이것이 오늘날까지도 마귀가 여전히 던지는 공격의 핵심인 것을 알아야 한다.

탐심을 잠깐 방치해놓은 사이에

호세아 선지자 당시, 수많은 이스라엘 백성이 하나님을 저버리고 우상인 바알 신을 섬기게 된 핵심적인 이유도 여기서부터 비롯된 것이다. 구약학자 김필회 교수님은 《호세아 주석서》에서 이스라엘 백성이 하나님을 버리고 바알 신을 좇았던 이유로 두 가지를 꼽는다.

첫째, 바알 종교는 제의적 의무만 잘 행하면 다른 윤리를 요구하지 않는 종교라는 것이다. 무슨 뜻인가? 그저 예배만 잘 드리면 어떤 부담도 질 필요가 없었다.

둘째, 바알 종교는 기본적으로 풍요 제의에 속하는 종교라는 것이다. 제사 한 번 잘 지내고 나면 인간의 기본적인 욕구, 즉 풍요와

번성과 안정을 충족시켜주는 종교가 바알 종교였다.

그래서 호세아서 2장 5절에 보면 이렇게 기록되어 있다.

> 그들의 어머니는 음행하였고 그들을 임신했던 자는 부끄러운 일을 행하
> 였나니 이는 그가 이르기를 나는 나를 사랑하는 자들을 따르리니 그들이
> 내 떡과 내 물과 내 양털과 내 삼과 내 기름과 내 술들을 내게 준다 하였
> 음이라 호 2:5

완전히 대박 아닌가? 예배 한 번 잘 드리고 나면 어마어마한 물질적 풍요가 찾아온다고 한다. 바로 이것 때문에 그렇게 많은 이스라엘 백성이 바알 신에게 마음을 빼앗긴 것이다.

오늘날 우리는 어떤가? 겉으로 보이는 간판에는 '바알 교회'라고 안 써 있어서 그렇지, 얼마나 많은 크리스천들이 바알 신을 섬기던 자들과 비슷한 욕구 가운데 살고 있는가?

'내가 예배 한 번 드려줄 테니 더 이상은 요구하지 마세요.'

'내가 지난주에 분명히 시간 들여서 예배드리고 헌금까지 했는데, 왜 나에게 돌아오는 게 없는 겁니까?'

이런 우리 내면의 욕구를 방치했기 때문에 지금 한국 교회가 이렇게 되어버린 것이다. 기독교가 어떤 종교보다 탐욕과 탐심으로 가득한 저질 종교라는 비아냥거림을 당하게 된 출발이 여기 있는 것이다.

우리는 그렇게 창조되지 않았다

그런데 여기서 우리가 꼭 한 가지 기억해야 할 것이 있다. 온 우주가 날 위해서 돌아간다는 철저히 나 중심적인 세계관을 가져서는 결코 행복할 수 없다는 사실이다. 만약에 그런 이기적인 세계관으로 행복할 수만 있다면, 나중에 하나님께 잠깐 꾸지람을 듣더라도 눈 질끈 감고 그렇게 하겠지만, 그게 그렇지 않다. 행복의 원리가 절대 그렇지가 않다.

왜 그런가? 대답은 간단하다. 우리는 그렇게 지음 받은 존재가 아니기 때문이다. 하나님께서는 우리를 하나님의 형상대로 지으셨다. 하나님의 형상, 하나님의 본능, 하나님이 추구하시는 것들은 이런 끝 간 데 없는 이기적인 태도가 아니다.

만약에 하나님의 속성이 끝 간 데 없는 이기심과 같아서 온 우주가 하나님만을 위해 돌아가게 하셨다면 우리가 아직까지 남아 있겠는가? 벌써 지옥 불에 들어가도 몇 번은 더 들어가지 않았겠는가?

하나님의 속성은 아가페 사랑, 이타적인 사랑, 십자가의 사랑이다. 우리 같은 세속적인 사람의 상식으로는 아무리 설명해도 이해할 수 없고 와 닿지 않는 그런 사랑이다. 그렇기 때문에 그 하나님의 형상을 닮은 우리가 세속적인 사랑을 흉내 내서는 결코 행복할 수 없다. 그렇기 때문에 세속적인 사랑의 끝은 '쓸쓸함'을 노래할 수밖에 없는 것이다.

이런 차원에서 호세아서는 우리가 이 땅을 사는 내내 처절하게 몸부림치며 싸워야 될 두 가지 구도가 있다는 것을 보여준다.

사랑과 사랑의 싸움

첫 번째 구도는, 자기중심적인 사랑 대 타인의 필요를 채우는 사랑의 싸움이다. 우리 내면에서 이 두 사랑의 싸움이 집요하게 일어나고 있다.

하나님이 호세아에게 요구하신 것이 무엇인가? 하나님은 처음 호세아에게 이렇게 이르셨다.

> 너는 가서 음란한 여자를 맞이하여 음란한 자식들을 낳으라 호 1:2

당시 상황을 상상해보라. 제사 한 번만 드리면 어떤 대가 지불도 없이 엄청난 보상이 따르는 바알 신에게 심취해 있는 사람들에게 이런 요구를 했다고 생각해보라. 씨알도 안 먹힐 것이다.

"말도 안 되는 소리를 또 하시네. 내가 이러니까 하나님을 떠났지! 이런 말도 안 되는 걸 내가 어떻게 받아들여?"

3장 1절에서도 마찬가지다.

> 여호와께서 내게 이르시되 이스라엘 자손이 다른 신을 섬기고 건포도 과
>
> 자를 즐길지라도 여호와가 그들을 사랑하나니 너는 또 가서 타인의 사랑

얼마나 부담스러운 요구인가? 그런데 우리가 알아야 할 것이 하나 있다. 하나님은 부담만 던지는 분이 아니시다. 하나님은 우리에게 감당하기 어려운 거룩하고 고매한 사랑을 요구하시지만, 순종하고 수용하는 사람에게는 그것을 감당할 수 있는 힘도 주신다. 아마 수용하기 어려운 하나님의 명령을 믿음으로 순종해본 사람들은 이것을 다 경험해보았을 것이다.

예기치 못한 기쁨을 주신다

그리고 더 중요한 한 가지가 있다. 바알 종교에서 추구하는 자기중심적인 사랑을 부추기는 생활에서는 꿈도 꾸지 못할 이런 무리한 하나님의 요구에 순종하는 자들에게 하나님은 '예기치 못한 기쁨'을 주신다는 것이다. 신앙생활은 바로 이 묘미로 하는 것이다.

'이번에 승진해서 기쁨이 생겼다'고 할 때, 이것은 자연스러운 기쁨이지 예기치 못한 기쁨이 아니다. 내가 지금 실직을 당해서 절망에 빠질 줄 알았는데 너무나 예상하지 못한 길이 열릴 때, 이것을 예기치 못한 기쁨이라고 한다. 세상적인 가치관으로, 그저 내가 행복할 수 있다면 누가 눈물을 흘리든 고통을 당하든 관심 없이 축소지향적인 사랑을 하는 사람은 절대로 맛볼 수 없는 것이 예기치 못한 기쁨이다.

지금 우리 눈앞에 떡이 두 개가 있는데, 이것을 하나만 먹으면 약간 모자라고 둘 다 먹자니 너무 많다고 하자. 그럴 때 하나만 먹고 약간 아쉽지만 눈 질끈 감고 나머지 떡 하나를 먹지 못해 굶고 있는 사람에게 건네면 예기치 못한 기쁨이 온다. 떡 두 개를 다 먹고서 포만감을 느끼는 사람은 결코 맛볼 수 없는 기쁨이다. 바로 이 기쁨 때문에 복지재단에 헌금을 하고, 어려운 이웃들을 섬기는 것이다.

호세아 선지자도 마찬가지다. 1장에서 나타난 그의 순종은 맹목적인 것이었다. 하나님이 하라고 하시니까 한 것이다. 그러나 3장으로 넘어와서는 외간 남자와 바람이 나서 가출한 고멜을 '자기를 위하여' 사랑하게 되었다. 그 사이에 무슨 일이 있었던 것인가? 자격 없는 여자를 사랑했을 때 하나님이 주시는 예기치 못한 기쁨을 맛보았기 때문이다. 신앙생활은 이것을 맛보는 생활이다.

절망이 축복이 된다

사도 바울을 보라. 인간적으로 보자면, 하나님이 그에게 그렇게 하시면 안 되는 것 아닌가? 하나님을 위해서 그렇게 몸 바쳐 충성하는 바울이 자기 육체의 가시를 없애달라고 세 번이나 간구하는데 들어주지 않으신다. 냉정하게 "내 은혜가 네게 족하다"라고 말씀하실 뿐이다.

바울 입장에서 하나님이 얼마나 야속하고 섭섭했겠는가? 그런데 바울이 깊은 영적 세계를 맛보고 예기치 못한 기쁨을 경험하고 나니, 그것이 전혀 상관없게 되었다. 하나님의 말씀대로 진짜 그 은혜가 족하게 되었다. 그래서 바울이 이렇게 고백하는 것이다.

> 나에게 이르시기를 내 은혜가 네게 족하도다 이는 내 능력이 약한 데서
> 온전하여짐이라 하신지라 그러므로 도리어 크게 기뻐함으로 나의 여러
> 약한 것들에 대하여 자랑하리니 이는 그리스도의 능력이 내게 머물게 하
> 려 함이라 고후 12:9

여기 나타난 논리도 호세아서에 나타난 논리와 같다. 처음에는 하나님이 그분의 논리를 강요하셨다.

"내 은혜가 네게 족하다!"

바울은 그것을 그냥 받았다. 그랬는데 갈수록 "내 능력이 약한 데서 온전하여"지는 예기치 못한 기쁨을 맛보게 되었다. 그러자 하나님의 논리가 자기의 논리가 되었다. 도리어 크게 기뻐할 수 있게 된 것이다. 육신의 연약한 가시가 없어졌을 때 느낄 수 있는 행복보다 하나님의 말씀에 순종하여 그것을 수용하고 살아갈 때 느껴지는 예상하지 못한 기쁨이 더 크기 때문이다. 우리는 바울처럼 모순 같은 그 기쁨을 누리며 신앙생활하고 있는가?

다윗도 마찬가지이다. 다윗에게 사울 왕이 어떤 존재인가? 평생을 원수같이 괴롭힌 존재 아닌가? 사울 왕만 생각하면 자다가도 벌떡벌떡 일어나지고, 수면제를 털어 넣어도 잠을 못 이룰 정도의 아

품이었을 것이다. 하지만 다윗이 깊은 영적인 자리로 들어가고 나니 무엇을 깨달았는가?

'하나님이 나를 놀라운 왕으로 쓰시기 위해 내 인격을 다듬는 조교로 사울 왕을 쓰셨구나!'

그러자 사울 왕은 더 이상 그에게 원수 같은 존재가 아니었다. 이왕 하나님을 믿는 우리도 이 깊은 자리로 나아가야 하지 않겠는가?

여러 번 간증한 것처럼, 내 생애에 가장 힘들었던 때는 20대 때였다. 세상 경험이 별로 없던 어린 시절이어서 현실이 더 힘들게 다가왔겠지만, 무엇보다 직장이 안 구해지는 것이 너무나 힘들었다. 직장이 구해지지 않을 때의 그 아픔과 고통은 겪어보지 않은 사람은 결코 모를 것이다.

어찌어찌하여 어렵사리 취직이 되었지만 며칠 만에 쫓겨나는 일이 반복되었다. 미국엔 갔지만 영어도 준비가 안 되어 있고 할 수 있는 것도 없으니 막노동 같은 일만 구할 수밖에 없었다. 그러다 보니 못 견디고 쫓겨나기 일쑤였다. 가장 절박했던 순간은 내 통장의 잔고가 20불까지 떨어졌을 때였다. 그때, 가난한 과부의 심정을 경험했다.

'이 돈이 다 떨어질 때까지 직장을 구하지 못하면 어떻게 하지?'

그 쓰라린 과정을 거칠 때 진짜 아팠다. 하나님 원망도 많이 했다. 그런데 50대 중반이 되어서 내 인생 전체를 보니, 내 생애에서 그때만큼 복된 시간이 없었다. 그 아픈 과정을 거쳤기 때문에 적어도 지금 실직을 당하고 경제적인 어려움에 빠진 성도들의 아픔이 얼마나 쓰라린 것인지는 안다. 직장을 구하지 못해 전전긍긍하는 청년들의 답답함을 안다.

나는 우리 교회에서 청소해주시는 아주머니들을 볼 때 항상 먼저 인사를 드린다. 내가 더 지위가 높은데 먼저 인사드린다는 뜻이 아니라 그만큼 반갑다는 의미이다. 내가 다 했던 일들이기 때문이다. 하나님께서 분당우리교회 담임목사라는 영광스러운 자리를 예비해두시고, 그 철없던 20대의 나를 고난의 광야 학교에 입학시키셨다는 사실을 그때는 몰랐다. 그래서 원망도 많이 했다. 하지만 지금 와서 되돌아보면 나의 아팠던 20대의 모든 순간이 다 놀라운 축복으로 바뀌었다.

가끔은 이런 생각을 해본다.

'만약 내가 그 과정을 안 거치고 목사가 되었다면 얼마나 많은 성도들을 괴롭히고 상처를 주었을까?'

지금도 이렇게 미숙한 목사인데 그런 연단의 과정을 거치지 않았다면 어떡할 뻔했나 하는 생각이 든다.

우리가 바알의 추종자들같이 눈에 보이는 얕은 것들만 좇다 보면 하나님의 깊고 신령한 복을 알 수 없게 된다. 내 주머니에 들어오는 현금만 복이라고 좋아하는 사람은 결코 그 신령한 복을 알 수 없다. 하나님은 연단과 고통과 아픔을 통해서 우리의 뿌리 깊은 자기중심적 사랑을 치료하기 원하신다. 그럴 때 하나님의 깊고 신령한 복을 깨달아 알고 맛볼 수 있기 때문이다.

네가 있어 내가 행복하다

아프리카 반투족의 언어 중에 '우분투'ubuntu라는 단어가 있다고 한다. 이 단어는 '네가 있기에 내가 있다'라는 뜻이라고 한다. 이 단어와 관련해 이런 이야기가 있다.

아프리카 부족에 대해 연구하던 한 인류학자가 아프리카 아이들을 모아놓고 게임을 제안했다. 멀리 보이는 나무 밑에 싱싱한 과일이 담긴 바구니를 준비해두고, 여기에서 저기까지 가장 먼저 달려간 아이에게 그 과일을 모두 주겠다고 말이다. 그러고는 "준비, 땅!" 하고 출발 신호를 주었는데, 그 아이들이 전부 손에 손을 잡고 함께 그 나무 밑으로 달려가서는 과일 바구니를 펼쳐 너도 나도 둘러앉아 먹더란다.

그 모습이 너무 독특했다. 그래서 물었다.

"얘들아, 일등 하면 혼자서 이 과일을 다 가질 수 있다고 했는데, 아깝지 않니? 왜 손을 잡고 함께 달렸니?"

그러자 아이들이 합창하듯이 했던 말이 "우분투!"였다. 그리고 한 아이가 이렇게 덧붙였다고 한다.

"나머지 아이들이 다 슬픈데 어떻게 나 혼자만 기분이 좋을 수 있는 거죠?"

오늘날 우리나라의 교육은 다른 아이들이 슬퍼하거나 말거나

"너는 너만 생각해라. 너 혼자 그 바구니를 다 차지해야 한다. 너만 좋은 대학 가면 돼!"라는 것 아닌가? 이러니 고3 교실에서 라이벌 친구의 노트를 훔치는 일들이 벌어지는 것이다. 저 놈을 밟아야 나 혼자 과일 바구니를 다 차지할 수 있다고 여기기 때문이다.

우리 집 둘째 아이가 고등학교 3학년인데, 공부를 엄청 잘했던 선배 언니가 재수를 하게 됐다는 얘기를 듣자 놀라운 말을 내뱉었다.

"아, 라이벌이 한 명 늘었네."

물론 농담으로 한 이야기일 것이다. 그런데도 마음이 아픈 것은, 우리 아이들이 본능적으로 친구들, 선배들을 '내가 올라가기 위해서 밟아야 할 대상'으로 인식하고 있다는 것이다. 우리 교육이 그렇게 주입시키기 때문이다.

우분투에 관한 글에 이런 부연 설명이 있었다.

"내가 너를 위하면 너는 나 때문에 행복하고, 그런 너 때문에 나는 두 배로 행복해질 수 있다."

하나님께서도 우리가 여기까지 깨닫기를 원하시는 것이다.

시야와 시야의 싸움

신앙인으로 싸워야 할 두 번째 구도는 자기 세계에 갇힌 좁은 시야 대 보다 높은 곳을 향한 시야의 싸움이다.

하나님께서는 호세아에게 아내를 누구로 하고, 자녀 이름을 어떻게 하라는 개인사를 말씀하시면서 거기에 꼭 민족을 끼워 넣으신다. 예외가 없었다. 예를 들어보자.

여호와께서 처음 호세아에게 말씀하실 때 여호와께서 호세아에게 이르
시되 너는 가서 음란한 여자를 맞이하여 음란한 자식들을 낳으라 호 1:2

여기까지는 개인사이다. 그 뒤에 따르는 부연설명은 무엇인가?

이 나라가 여호와를 떠나 크게 음란함이니라 하시니 호 1:2

3,4절도 마찬가지다.

이에 그가 가서 디블라임의 딸 고멜을 맞이하였더니 고멜이 임신하여 아
들을 낳으매 여호와께서 호세아에게 이르시되 그의 이름을 이스르엘이
라 하라 호 1:3,4

여기까지는 개인사이다. 그 다음에 이어지는 말을 보라.

조금 후에 내가 이스르엘의 피를 예후의 집에 갚으며 이스라엘 족속의
나라를 폐할 것임이니라 호 1:4

이것은 민족사 아닌가? 6절도 마찬가지의 원리를 따른다.

고멜이 또 임신하여 딸을 낳으매 여호와께서 호세아에게 이르시되 그의
이름을 로루하마라 하라 호 1:6

여기까지는 개인사이다. 그 다음에 토를 다신다.

내가 다시는 이스라엘 족속을 긍휼히 여겨서 용서하지 않을 것임이니라
호 1:6

8,9절도 마찬가지다.

고멜이 로루하마를 젖뗀 후에 또 임신하여 아들을 낳으매 여호와께서 이
르시되 그의 이름을 로암미라 하라 너희는 내 백성이 아니요 나는 너희
하나님이 되지 아니할 것임이니라 호 1:8

하나님께서는 호세아에게 결혼의 문제와 자녀의 이름을 정하는
개인사 속에서 계속 민족에 관한 이야기를 하고 계신다. 이것은 무
엇을 의미하는가? 호세아가 그저 내 가정, 내 아내, 내 자녀만 생각
하는 좁은 자기 세계에 갇혀 있지 않고 선지자로서 넓은 세계를 바
라보기 원하시는 하나님의 마음이 담겨 있는 것 아니겠는가?
나는 이런 상상을 해봤다. 호세아의 아이들이 자라서 학교에 다
닐 때 다른 아이들이 자꾸 "로루하마, 로루하마" 하면서 비웃지 않

았을까? 아이는 집에 가서 아빠에게 항의했을 것이다.

"아빠! 도대체 제 이름을 왜 이렇게 지으셨어요?"

그랬을 때 아빠인 호세아가 어떤 설명을 했을까?

"네 이름에는 우리 민족의 운명에 대한 예언이 담겨 있다. 그 이름에는 이런 깊은 뜻이 있단다."

하나님이 이름을 바꿔주시는 은혜를 허락해주신 후에는 어땠을까?

"하나님께서 이제 네 이름을 '로루하마' 대신에 '루하마'로 부르게 해주셨다. 이제 너는 '로암미'가 아니라 하나님 앞에서 '암미'다."

어릴 때부터 자기 이름을 생각하며 민족이 범죄함으로 망하게 되었다는 탄식을 안고 자랐다면, 이 시점을 거친 후 아이들의 시야가 얼마나 넓어졌겠는가? 오늘 우리 가운데 자녀에게 민족을 생각하라고 가르치는 부모가 얼마나 있는가? 수능시험을 준비하는 아이들에게 이렇게 가르치는 부모가 있는가?

"지금 이 민족이 어렵다. 북핵 문제를 봐라. 국정 문제를 봐라. 네가 왜 공부해야 하는지 알겠지?"

그저 "좋은 대학 가야 해. 좋은 직장 얻어서 잘살아야 해. 그거면 돼!"라고 다그칠 뿐이다. 우리의 시야가 그저 여기에 머물러 있어서야 되겠는가?

예수님의 피를 뿌려주신 하나님

히브리서 12장에 이런 말씀이 있다.

새 언약의 중보자이신 예수와 및 아벨의 피보다 더 나은 것을 말하는 뿌린 피니라 히 12:24

이 구절은 조금 난해하지만, 주석을 찾아보니 이런 설명이 있었다.

"예수님의 구원의 피가 아벨의 피보다 낫다고 한 것은 아벨의 피는 단지 자기 원수를 갚아 달라는 호소의 역할을 했으나 예수의 피는 예수님과 인간 사이에 화해와 사죄와 영적 능력을 가져다주기 때문이다."

이것이 나에게 너무 큰 도전이 되었다. 성경은 아벨의 피와 예수님의 피를 어떻게 대조하고 있는가? 아벨의 피는 그저 억울하다고 호소하는 '고발의 피'라는 것이다. 그러나 예수 그리스도의 피는 절망적인 마음과 울분을 뛰어넘는 용서와 용납과 사죄의 은총이 담겨 있는 피라는 것이다.

우리가 믿는 하나님은 아벨의 피를 요구하시는 하나님이 아니다. 우리가 믿는 하나님은 예수님의 피를 보여주시는 분이다. 아벨 가정의 비극도, 좁은 자기 세계에 갇혀 있었기 때문에 벌어진 일 아닌가? 아벨의 형 가인이 조금만 더 넓은 시각으로 세상을 보았다면, 자기를 통해 하나님이 기뻐하시든 동생을 통해 하나님이 기뻐하시든 넓은 시야로 "하나님이 기뻐하시기만 하면 됐다"는 생각을 했더라면 이런 비극은 없었을 것이다. 그렇게 넓은 시야가 없었기 때문에 자기 동생을 죽인 인류 최초의 살인자라는 오명을 쓰게 된 것이다.

하나님은 우리가 어떤 시야를 갖기 원하시는가? 우리 교회를 통해 영광을 받으시든, 옆의 교회를 통해 영광을 받으시든 어느 교회를 통해서라도 하나님이 영광 받으실 수만 있다면 그 큰 그림을 그리며 함께 신앙생활하기 원하시지 않겠는가?

우리는 '자기 세계'라는 좁은 시선으로, 그저 눈이 가는 대로 아래로만, 아래로만 흐르는 인생을 살 것이 아니라, 하나님이 원하시는 '보다 크고 넓은 시야'를 통해 삶을 바라보아야 할 것이다. 눈을 들어 산을 바라보는 삶을 살아야 할 것이다.

예수님이 승천하시기 전에 유언처럼 남겨주신 말씀이 무엇인가?

오직 성령이 너희에게 임하시면 너희가 권능을 받고 예루살렘과 온 유대와 사마리아와 땅 끝까지 이르러 내 증인이 되리라 행 1:8

이 말씀의 포인트는, 우리가 지금 이곳 예루살렘에만 머물 것이 아니라 자꾸 그 지경을 넓혀가야 한다는 것이다. 어디까지 넓혀가야 하는가? 땅 끝까지 넓혀가야 한다.

우리가 우리에게 머물러 있는 시선을 들어 주님을 바라보기 시작할 때, 주님의 큰 그림을 함께 바라보기 시작할 때 놀라운 하나님의 일들이 시작된다.

자기중심적인 사랑만 강요하는 이 세상에 함몰되어 사는 것이 아니라, 보다 높고 큰 시야를 가지고 다른 사람의 사랑을 채워주고 흘려보내는 성숙한 크리스천으로 살아가게 되기를 주님의 이름으로 간절히 축복한다.

그럴 때 우리 사회가, 또 우리 한국 교회가 새로운 회복을 경험하게 될 것이다. 그러한 은혜가 반드시 있으리라고, 하나님이 그 길로 인도하시리라고 믿는다.

우리가 우리에게 머물러 있는 시선을 들어 주님을 바라보기 시작할 때, 주님의 큰 그림을 함께 바라보기 시작할 때 놀라운 하나님의 일들이 시작된다.

내가 어찌 너를 버리겠느냐

초판 1쇄 발행   2016년 11월 21일
초판 15쇄 발행   2023년 7월 15일

지은이   이찬수

펴낸이   여진구
책임편집   이영주
편집   박소영 최현수 안수경 김도연 김아진 정아혜
책임디자인   마영애 | 노지현 조은혜 이하은
홍보 · 외서   진효지
마케팅   김상순 강성민   마케팅지원   최영배 정나영
제작   조영석   경영지원   김혜경 김경희 이지수

303비전성경암송학교 유니게 과정   박정숙
이슬비전도학교 / 303비전성경암송학교 / 303비전꿈나무장학회

펴낸곳   규장

주소   06770 서울시 서초구 매헌로 16길 20(양재2동) 규장선교센터
전화   02)578-0003   팩스 02)578-7332
이메일 kyujang0691@gmail.com   홈페이지 www.kyujang.com
페이스북 facebook.com/kyujangbook   인스타그램 instagram.com/kyujang_com
카카오스토리 story.kakao.com/kyujangbook
등록일 1978.8.14. 제1-22

ⓒ 저작자와의 협약 아래 인지는 생략되었습니다.
이 출판물은 저작권법에 의해 보호를 받는 저작물이므로 무단 전재와 무단 복제를 할 수 없습니다.

책값   뒤표지에 있습니다.
ISBN 978-89-6097-476-0 03230

규 | 장 | 수 | 칙

1. 기도로 기획하고 기도로 제작한다.
2. 오직 그리스도의 성품을 사모하는 독자가 원하고 필요로 하는 책만을 출판한다.
3. 한 활자 한 문장에 온 정성을 쏟는다.
4. 성실과 정확을 생명으로 삼고 일한다.
5. 긍정적이며 적극적인 신앙과 신행일치에의 안내자의 사명을 다한다.
6. 충고와 조언을 항상 감사로 경청한다.
7. 지상목표는 문서선교에 있다.